我们开店吧

牧牧酱 著

72小时学会开咖啡店、奶茶店、甜品店

全新升级版

当代世界出版社
THE CONTEMPORARY WORLD PRESS

图书在版编目（CIP）数据

我们开店吧：72小时学会开咖啡店、奶茶店、甜品店 / 牧牧酱著. —北京：当代世界出版社，2019. 1
ISBN 978-7-5090-1385-4

Ⅰ. ①我… Ⅱ. ①牧… Ⅲ. ①饮食业—商业经营
Ⅳ. ①F719.3

中国版本图书馆CIP数据核字（2018）第285125号

书　　名：我们开店吧：72小时学会开咖啡店、奶茶店、甜品店
出版发行：当代世界出版社
地　　址：北京市复兴路4号（100860）
网　　址：http：//www.worldpress.org.cn
编务电话：（010）83908456
发行电话：（010）83908409
（010）83908455
（010）83908377
（010）83908423（邮购）
（010）83908410（传真）
经　　销：全国新华书店
印　　刷：炫彩（天津）印刷有限责任公司
开　　本：880毫米×1230毫米　1/32
印　　张：7.25
字　　数：175千字
版　　次：2019年2月第1版
印　　次：2019年2月第1次
书　　号：ISBN 978-7-5090-1385-4
定　　价：46.00元

序

何泓操

在我的印象中，牧牧酱是一个简单爱笑的女孩。

本来，她在老家已经有六家奶茶店，其中还有两家是加盟店。

这一次和牧牧酱在北京见面时，她已经关掉了自己所有的店，决心来北京做一个漂泊者。

我很意外，却不震惊，她一直都是这么特立独行。不过，我还是忍不住心中的好奇，问她为什么要放弃，她却云淡风轻地告诉我："老师，我终于知道开店是咋回事了，准备出书了，给我写个序呗！"

其实，我并不擅长写作，就不刻意遣词造句，随心而写吧！

不仅仅是咖啡店，其实像奶茶、甜品店，甚至各类酒品店，近几年在国内都呈井喷式发展，而从事相关行业的人也越来越多。从多年前的新兴行业到如今的网红饮品店，让我这个满腔热情的咖啡人倍感喜悦。这是投身其中寻求发展不可多得的好时机，同时，也将面临更大的挑战。

就我个人而言，在十二年的Barista大赛中获得世界排名第二十的成绩的同时，也看到了中国与世界的距离。当然，也正因如此，我们才拥有进步的空间，才看到发展的希望。

而且，这个行业与其他行业有所不同。自由随性的工作状态、创新浪漫的人文情怀，有行业的特质，也是吸引有思想、有梦想、有追求的年轻人的魅力所在。

而本书和市面上销售的各种行业书籍均有所不同，针对性非常强，都是针对打算开店或有开店想法却不知该从何入手的创业者写的。少的是空洞的形式和图片的堆叠，多的是实用的干货和无私的经验分享。从行业大环境具体到开店流程，从前期准备到开店完成一气呵成，轻松诙谐间透露着作者的行业积淀和生活智慧，是一本新手入门、不可多得、值得一看的好书。

谨以此书序祝福我的好友牧牧酱，希望她能在本行业这个自由的国度欢乐地遨游畅徉！

前　言

授人以鱼，不如授人以渔。

随着我国经济的不断繁荣，咱老百姓的生活也越来越多彩。各种饮品甜点店百花齐放，在国内越来越广泛地被人喜爱并接受，成为一种时尚潮流与生活品质的体现。外加“星巴克”“一点点”这类大品牌在国内各个街头的风靡和影响，也让越来越多的人对饮品品牌和相关文化的关注度逐渐提升。饮品不仅是时尚风潮，还是世界各地美食文化背景的体现。特别是咖啡，除却其本身的风味魅力不谈，不管是与朋友闲聊，还是丰富商务话题，它都是一种展示自我知识面和文化格调的谈资。

在很多准备入行的创业者眼中，这类店的准入门槛可高可低，投入可大可小，开店方式也灵活多变，同时也不需要像开服装店那样，需要半夜进货、铺货，异常辛苦麻烦，有精力的人甚至认为可以一边上班一边开家小店自娱自乐。且店铺成本容易控制管理，利润空间大，特别是当自己调制出能够作为本店的招牌饮品或店内某一部分的装修风格布局受到顾客喜爱与认可时，那么创业所得的回报和创业的成就感，真的可以说是一举两得了！

所以现如今，一些个性十足的咖啡店、奶茶店，以及甜品店如雨后春笋般出现在各个城市的大街小巷。可开这样一家小店，真如想象中这般简单吗？一旦操作起来，又会遇到哪些未知的问题和困难呢？

从我开设自己的第三家店开始，身边询问各种关于开店涉及的问题的人也逐渐增多。随着不断整理和深入，我发现有关开店的内容并非一两句话就能说清。特别是涉及餐饮这个行业，所涵盖的点更是多到让人吃惊，琐碎到令人望而却步。之前就不止一次看到有读者在写书评时这样抱怨："本来想开一家店，看完书，反而不想开了。"所以，本书不会给你注入满满的鸡血和美美的情怀，让你脑门一热投入其中，而是以一种更加理性和实用的形式，呈献给那些已做好心理准备而非对开店抱有幻想的务实派。

不管开咖啡店也好，奶茶店也罢，抑或甜品店，都已不满足于仅卖好一杯饮品，越来越多的人开始将产品作为一种载体，将自己想要传播的文化理念及情怀融入其中，特别是对咖啡相关知识技能的掌握运用，以及对店铺装修审美等方面的要求也越来越高。店主若想要在林立的同行中脱颖而出，非常有必要更为深入地去了解这个行业的方方面面。

如何让自己的店铺既有特色，又能在行业竞争中脱颖而出呢？

本书不会占用太多篇幅重复关于饮品的文化、发展，以及具体产品的制作方法和配方等，而是更加侧重于告诉读者开店的步骤、方法和开店过程中会遇到的问题，这些内容能够让大家在开店之前对整个行业和开店的流程有个初步的了解，从而更充分地做好开店前的准备，做到心中有数；更为有效地降低风险、减少浪费，稳稳地迈出第一步。

本书中会特别提到，开店的顺序应该是从定位开始，即决定开哪种店，之后再寻找合适的店址。如果你对开什么店并不明确，觉得都可以的话，也可以先看好场地，再根据店铺的位置特点决定开哪一种店。完成这两个步骤之后，很多人会省略很重要的一步——选择经营设备。最终往往发现，装修完成后，很多设备都没有合适的地方摆放。正确的顺序应该是：

做好店铺定位→做好产品定位（确立基本产品的类别和制作步骤）→确定购买的设备→根据设备尺寸和摆放的位置做出装修图，预留好电源插头、进出水的位置→在装修期间开始购买各种设备原料→进场调试机器→检查、补齐缺漏→打扫卫生→开张营业。

在本书的编写过程中，为方便读者理解和避免内容重复，笔者并没有完全按照上述步骤展开叙述，而是根据重要程度作为编写顺序。当你对整体情况有个系统的了解后，再开始行动。

书中所指店铺，主要以咖啡店、奶茶店和甜品店为例。其中讲述咖啡店的部分，在设备和装修内容上占比较重；而奶茶店的部分，则侧重于选址和加盟；甜品店的部分，则介于前二者之间，所占篇幅较少，而对蛋糕烘焙店基本没做介绍。其实，它们之间有很多共通之处，只要明确了所开店铺的主打品类，其他有共通性的问题都可迎刃而解。比如咖啡店里肯定也会卖奶茶和小蛋糕，奶茶店里也会有少量甜品，而甜品店也还是会卖各种饮品。之所以蛋糕烘焙店暂不在本书讨论范围之中，因为其涉及更多产品技术、采购、渠道，以及更为繁复的管理上的问题，其投资成本和装修复杂程度都远高于前三种店。至于最终选择开哪种店，还要看个人的资金预算、喜好和机缘了。

由于饮品行业的设备、材质等更新很快，品类极多，所以书中只是根据不同特点列举了一些店铺及案例便于读者作为参考。

还有很多人觉得自己并不擅长店铺的管理，因而对开店心生畏惧，踌躇不前。其实，不管拥有多么规范健全的流程制度，多么个性完美的装修，都抵不过“用心”二字，而“用心”要做到的最基本的两点，就是微笑和坚持——对顾客微笑，对店员微笑，对同行微笑；同时，坚持自己的风格品位，坚持自己的产品品质，坚持自己对顾客的尊重与服务。

最后，非常感谢每一位对本书提出意见和建议的朋友！如有不足之处，还望包涵指正！

目　录

我们开店吧

72 小时学会开咖啡店、奶茶店、甜品店

好想有一家属于自己的店

总是有这样一种期盼——开一家属于自己的店，实现自己的装修构思，调配出人们喜欢的产品，看着店内客人络绎不绝，享受着这份成就感带来的甘甜。

如果店铺再大一些，或许还能在某个悠闲的午后，阳光洒落在店内时，坐在吧台里静静地看着顾客和她的闺蜜们手捧着一杯饮料，看着窗外路过的小鲜肉，各种八卦和幻想；华灯初上，暖灯点亮时，和伙伴们一起打排位，输了便一道喝下正在试验中的奇葩新品，再约上一两个咖啡虫，手冲一壶咖啡，品味欢言尽盏。

偶尔心血来潮，打开电脑，随意订张机票，关上一个星期的张，门口挂块任性的牌子——店主远行，一周后见。

生活如此，快意美哉！

“REAL 咖啡”的老板和她的朋友们

有谁不想开一家这样的店？再没有老板对你呼来喝去，也没有同事的明争暗斗，而是可以尽享自由、浪漫、快乐，可以在赞美声中，在羡慕嫉妒的眼神里，和志同道合的朋友一起品尝幸福滋味。

或者能有一家这样的小店，在人来人往的街角，在熙熙攘攘的大学城中找一间小铺。每天，店门口都等候着要喝你家奶茶的客人，请来几个漂亮的奶茶妹妹，让她们穿上自己设计的工作服，和她们一起穿梭舞动于操作间。

既然是想想都会很开心的事，为什么就不能行动起来，做一次尝试呢？

但是，万事开头难。特别是从 0 到 1 这一步，更是让人倍感茫然。从想到做，你真的准备好了吗？

当你打算开一家店的时候，脑子里是充满了各种疑问和对未知的恐惧，还是对此感到有一种幸福的期待？总之，笔者建议还是不要盲目乐观，但也不用因各种担心而犹豫不决。不要想太多，很多

随处可见的“一点点”。

此景是红极一时的“喜茶”店的日常。

事情，做了也就做了，遇到问题逐个击破就好！当然，如果能在做之前做好充分的准备，那么，这场战役你已胜出了一半！

笔者在入行后，就被无数次问到以下这些问题：

开家店大概需要投资多少钱？我的钱够开一家店吗？

店铺位置应该选在哪里才好？

我只会喝，不会做该怎么办？

做这些饮品很难吗？应该卖一些什么产品？

我开的店会有人喜欢吗？

我是开一家自己的小店做自己的特色，还是加盟品牌呢？

……

不要担心！只要你真的想开，你想到的大部分问题都会随着翻阅本书从而得到解决。

拥有一家属于自己的特色小店，现在就开始行动吧！

第一章

进入你憧憬的饮品行业

第一节　见过不一样的咖啡店

近几年，中国、韩国的咖啡市场发展都非常迅速，从经营规模来划分，可分为咖啡会所、咖啡馆（厅）和个性精品咖啡店三大块。

一、咖啡会所

一般来讲，咖啡会所的规模比较大，有整栋楼的场地，以包厢为主，大厅为辅，为人们提供一个相对私密的空间，可进行商务谈判或棋牌活动，这是根据中国特色而形成的一种特殊的咖啡营销模式，除提供咖啡外，还有各种茶水、点心等，也会提供主食。其消费人群的年龄大多在 30 岁以上，有一定经济基础的商务人士，相对于咖啡而言，他们更青睐于本土茶文化，反而是喝茶的人要多一些。这种咖啡店的存在也算得上是因地制宜，土洋中西的完美结合。

案例：上岛咖啡

应该没人不知道“上岛”吧？“上岛咖啡”是一家咖啡连锁品牌，应该是国内最早一批，且生生不息的大型咖啡会所了。1968 年，“上岛”从台湾起步；1997 年，在海南开了大陆地区第一家店，至今已有五百多家。之后，国内也有了更多相同模式的大型咖啡会所连锁品牌，不管是环境，还是产品口碑都很不错。他们因地制宜的产品设定和有效的管理也是很重要的成功因素。

提供中西简餐的大型休闲咖啡会所——“上岛咖啡”和“两岸咖啡”。

这类咖啡店的投资动辄上百万，故笔者在此 pass 掉这类店铺的详细开店介绍。

二、咖啡店（厅）

咖啡店一般受面积限制，只有大厅，几乎没有包厢，面积稍大的可能会提供几个包厢。产品以咖啡为主，饮品及冷藏蛋糕等小甜品为辅。咖啡的分类也很细化，从产地、烘焙、萃取工艺，再到造型，都能让客人更多地对咖啡的认知细化。消费人群除了刚好需要此类场所的休闲人士，还有真正懂咖啡、喜爱咖啡的人群。经营这种店的老板一般也对咖啡有着一定程度的热爱，所销售的咖啡都是相对有品质的，甚至有老板本身就有着相当高的咖啡萃取和拉花技术。他们可能在咖啡圈内也是神一般的存在，因而有的咖啡店会设有兴趣培训课程，让人们在品尝咖啡之余，更能加深对咖啡文化和咖啡加工工艺的了解。

这类咖啡店不仅售卖咖啡，而且有着很强的功能性。可划分为以下几类：

1. 为咖啡爱好者提供学习平台

案例：叁拾而立咖啡

“叁拾而立”咖啡是北京的一家咖啡店，位于高碑店地铁站附近。这家店位置很偏，并非处于闹市区，装修也较为随意。在以卖环境、讲位置为主流的咖啡店中，这样的店铺靠什么来获取利润呢？

原来，这家店的老板本身就是全国拉花大赛冠军，开店主要是为咖啡从业人员和爱好者提供一个专业的一对一的咖啡拉花培训平台，同时帮助更多喜爱咖啡的朋友，分享亲自制作咖啡的过程中带来的乐趣。

此类店铺不以环境为卖点，主要是提供一个平台，让更多人学会品咖啡、学习咖啡课程。

“叁拾而立咖啡”学员学习中。

2. 为其他有特定需求的人群建立社交平台

案例：车库咖啡

在近几年投资创业的热潮中，“车库咖啡”成为国内最早唱响创业平台主题的一家咖啡店。其功能是将店铺作为一个纽带，把有效商业信息集中起来，并实现创业者和投资人的需求对接，同时为创业者提供全天开放式的办公环境和服务。

因为与创业有关，而创业又是近年国家一直倡导支持的商业行为，所以也吸引了很多相关的媒体和记者的关注，在一定程度上提高了店铺的曝光率。

这里聚集了众多怀揣创业梦想的青年。

3. 为其他有场地需求者提供活动场地

是不是经常听朋友说某某想举办一场活动，却苦于没有合适的场地？而你所在的城市能够提供的会议室是不是都是一张桌子、两排椅，墙上一块投影布的格局？单调又无趣的会议室让很多人无法获得工作灵感和激情，于是，咖啡馆又延伸出一项功能——为有需求者提供活动场地。

这样的咖啡馆对场地面积和环境氛围要求较高，至少要能容纳20人左右，才能长线开展这项业务。

“微度咖啡”的吧台区。

客座区的灯光环境很舒适。

下层很大的活动场地。

在这里介绍“微度咖啡”，不仅是因为其装修风格和场地面积都符合条件，而且它是全国为数不多的一家成功众筹的咖啡店。此处的“为数不多”，并不是指众筹的咖啡店不多，而是指能够成功众筹并一直运营下去的咖啡店少之又少。不要以为通过众筹的方式获得启动资金很容易，事实上，大多数是以失败告终的。

简单一句话概括“众筹”——就是一个拥有创意或商业模式的发起人，通过各种渠道去集结认可这个创意或模式，并愿意为此付出一部分资金的追随者，当资金筹集到目标数额点后便可开始具体实施，从而让想法得以实现的过程。“微度咖啡”由于参与人数众多，又有多位咨询合伙人的参与和商业指导，具有相当的人脉资源优势和竞争发展优势，店铺也会针对不同人群的不同需求不定期组织举办各种活动等，吸引更多潜在的顾客，扩大圈子，提升自身知名度。

这样众筹起来的店铺意义更为深远，承载的不只是发起人，更是一群人的梦想和期望。在获得信任和资金的同时，我们也需要考虑到，人多事多，各种矛盾难以调和，国内失败的案例不在少数，归纳总结得出经验如下：

①筹到钱不是结果而是开始。资金是实现运作的必要基础，是迈出的第一步，而人则是让店铺存活，并良性运营下去的根本。一个项目成功的关键在于运营本身，在任何时候，人永远比钱、比创意或模式更重要。

一般意义上的众筹，由于平均到每人身上后需要投入的资金不多，会导致有的人并不会太专注地对待这个店，而仅将其视作一款理财项目，带着“能分到钱更好，分不到钱玩玩也无所谓”的心态加入进来。也许对你而言 20000 元很多，对别人而言根本不算什么；而有些有激情、有想法的人，也许因为刚毕业缺乏资金而被拦在门外。

建议不要只筹出资人，而是筹一切可筹的人和事。比如一个人的才华、一个人的资源等，优势互补，这些都可能成为你将来的竞争力。

②参与运营的股东必须能做到全身心投入。很多参与具体策划、管理事务的股东一般都有自己的主业投资。他们也许是其所在行业中的大咖，也许能为店铺带来有效的帮助，但要相信，人的精力是有限的，运营 个店铺不是跑百米赛，而是 场遥远的马拉松。也许起初大家能将更多的精力投入其中，可一旦短期内看不到回报，谁都不能保证是否还能继续坚守这份热情和用心。所以，如果由专业的全职人员进行管理运营，其结果会大不相同。

③对参与者进行精确的定位和筛选。大致选择年龄相当和观念

一致的参与者，同时确定好决策者，1~2 人作为决策者，可以大大减少管理内耗。注意，发起者和决策者可以是自己，而管理者不一定非要是自己，要能做好自我定位，做到任人唯贤，一切从事实出发，以大局为重。

以店铺的风格定位为例。由于每个人的审美喜好不尽相同，而对店内音乐和软装等风格选择更是没有绝对统一的标准。一般两三个人之间都会有不同的意见，更何况一堆理念、审美参差不齐的人，光是处理各种分歧就会形成相当大的管理内耗。

毕竟是来自大家的信任和共同的梦想，所以在选择众筹时，更要谨慎思考，对所有人以及自己负责。

三、和其他行业相融合的咖啡店

前几年，“咖啡陪你”在国内大肆扩张，并邀请韩国巨星金秀贤作为品牌代言人。不管如今“咖啡陪你”在与中方合作时出现过怎样的管理问题，我们都不能将它全盘否定，不能否认它全新的商业运作模式，更不能否定它为咖啡文化的有效传播和对中国咖啡行业的迅速发展做出的贡献。像“咖啡陪你”和招商银行跨行业联合推出的银行咖啡店，就是一个非常好的咖啡商业模式的案例，成功将看似不相干而实际上可以相互融合互补的两个行业进行有效衔接，实现了双赢局面。在整个商业模式设计中，“咖啡陪你”都值得即将入行的新人们参考借鉴。

包括近几年兴起的网咖店也是这种运作方式。而做网咖需要一定的资金置办电脑等设备，这就意味着更高的风险成本。

由此也可以发散一下思维，考虑一下什么样的行业也可以和咖

“咖啡陪你”和招商银行的混搭。

玩累了可以和小伙伴点杯饮料玩“杀人”游戏。

啡店相融合。花店？Zakka[①]铺子？或者其他的可能？在这样的店铺中，咖啡成了一种锦上添花的附属，也挺不错。开一家店，跨两个行业，看起来很能赚钱的样子，同时也是笔者看好的大趋势。

由此延伸，不仅是创业，其实还有很多种可能。比如手工爱好者的平台，或者户外爱好者的平台，等等。我们身边有什么样的资源，就可以尝试和自己的咖啡店有效结合，增加个性差异，发掘更多的盈利点。

如此，我们销售的就不仅仅是咖啡，还可以建立平台，销售平台周边的产品。是不是有种多元化发展道路的感觉？

四、纯粹的精品咖啡店

这类咖啡店也是本书后面着重介绍的对象之一。这样的店不一定规模很大，也不一定在闹市区，但由于店里每个角落都充满了自

---

① 源自日语的“zak-ka”（杂货）或“各种物品”，是一种从日本流传到整个亚洲的时尚设计现象。这个词包含能改善家居、生活以及形象的各种事物。

己的想法和创意，每款产品都是自己反复调配尝试的成果，不管是氛围还是产品，都饱含着店主自身的特质，而像蝴蝶遇见鲜花一样被吸引来的顾客，都是能和店主产生共鸣的人。所以，这种店的生意好坏就取决于店主对审美的把握以及对产品口味的敏锐度、调控力和无限创意。

这样的店近几年在国内也是比较多的。本想将全国各地的精致特色咖啡店都一一做一下介绍，但限于篇幅，加之考虑到有的朋友会在开店之前开始一段咖啡之旅，而为了看几家美店分散赶往各个城市，太耗费精力和成本了。所以，选定京城的几家店来介绍，它们都比较具有典型性，可以让大家在开始之前找找感觉。当然，除了北京，其他城市也有很值得一看的地方，大家可以就近或在网上进行了解、学习和借鉴。

1. Soloist Coffee　位于北京市杨梅竹斜街 39 号。这是被很多咖啡爱好者认可的一家店，店内透着浓浓的工业复古气息，却又不是太西式，完美融入京城气质。这种审美水平不是什么人都能达到的，喜欢的朋友可以找一找感觉，借鉴一些元素。而且大门没有

温暖的工业复古风，二层的老式钢琴让人充满怀旧感。

还未进门已被吸引。

清新又不失质感的吧台和地面。

店内温暖又慵懒的角落。

招牌，只放了一个小架子，上面夹着张纸，写着店名。这其实是我非常欣赏的地方，穿过大大小小的胡同，看到这张小纸，反而有种众里寻它，蓦然现身之感。进店就能看到老旧的咖啡豆烘焙机，给店内增添了一道亮点。来这里可以试试单品手冲咖啡，了解更多不同的咖啡文化。

2. Café Clark　位于青年路纺易成小区 19 号楼 02 号底商。这是一家日式小清新风格的咖啡店，占地面积不大，风格浓郁，很有感染力，整个环境干净整洁，喝着咖啡，让阳光洒在身上的感觉特别好！店内的软装饰让人印象深刻，能感受到店主所花的心思，店虽不大，名气却不小，有很多慕名而来的顾客来此小坐。

用心萃取每一杯咖啡。

“Barista”和随性不拘的咖啡师

3．Barista Coffee Roasters　位于东城区五道营胡同 47 号。全店只有十几平方米，六个座位，却一点也不影响慕名而来的顾客来此的热情。他家的特色就是只卖好咖啡，卖好咖啡豆。店内咖啡豆采用自家烘焙的精品豆，并且不定期更换豆种，牛奶选用鲜牛奶（七天保质期），奶味纯正香浓。单品咖啡也是这里的特色。来这里没有别的目的，就是为了尝一口好咖啡。

年轻又知性的“翊咖啡”老板娘和他们的 LA MARZOCCO GS3。

4．REAL 咖啡　位于旧鼓楼大街汤公胡同 12 号。同样不以面积吸睛，却依然引来很多人前来的小小店面——与产品相映衬的名字，好品质的咖啡和高端的设备，为店铺的口碑打下了坚实的基础。仅十平方米的吧台上，摆放着 Speedster 咖啡机、Astoria plus 4 you 咖啡机、Mazzcr major 意式磨豆机，外加　台迈赫迪 ek43 单品磨豆机，以及手法娴熟的美女老板和一位立志做专业咖啡布道者的神秘幕后老板，成为京城咖啡爱好者津津乐道的谈资。

5．野兽派　位于三里屯太古里南区，是花店 + 咖啡店的合体。进门就能闻到花草的自然芳香和混合弥漫的咖啡香气，整个装修也呈现着森林童话的色彩，一楼设置了一个咖啡小窗口和一排吧桌椅，穿过暗窄不起眼的楼梯到二层，进入另一个繁华的下午茶世界。不禁让人联想到陶渊明的《桃花源记》中的一段：“初极狭，才通人。复行数十步，豁然开朗……男女衣着，悉如外人……怡然自乐。”而且店主聘请的店员通通是帅哥，颜值都是相当高的哦！

其实慢慢搜寻，还有很多值得一逛的精品店铺。加油吧！争取早日成为其中的一份子，和顾客们一起分享这美好又慵懒的时光！

第二节　了解这几种奶茶店

如果咖啡店基本以“店美、节奏慢、求质”为特征，那么，奶茶店都以“店小、节奏快、求量”为诉求，有闹市中大喇叭不断重复的“两元一大杯”，有看起来专业有序的街边奶茶加盟店，也有可以坐在室内上上网、聊聊天的休闲奶茶店。

这些奶茶店之间又有什么区别呢？

一、“两元一大杯”

随着物价的上涨，刚刚传入内地时那深入人心的“两元一大杯”也变成“五元以上”了，只有那熟悉的用一个喇叭循环播放“两元一大杯”的声音，还会在记忆中不断回放。这样的奶茶店分布得非常集中，多在人口密集的步行街或商业中心、旅游区。店内少有装修的痕迹，大多数还会顺带卖烤肠、土耳其烤肉、炸鸡腿、关东煮、板栗等。

这种店卖的奶茶由于价格低廉，便注定了不可能采用上好原料，基本上谈不上什么口感。对于较为挑剔的白领、文艺青年群体来说，除非很渴或实在想解馋而周边又没有更好的选择，才会购买一杯，而且喝的时候会不时忐忑自己的身体到底承载了多少反式脂肪酸（奶精）。

其实，开这样的店铺相对而言是最简单、最实惠的，不需要考虑花太多的钱学技术或做加盟，也不需要在装修上太费心思，只要做个醒目的招牌，在当地城市找到一家批发奶茶原料的批发商，让他们教会你怎么做奶茶，应该购买什么样的设备，就可以实现。而原料商们并不一定会做出很好喝、很有特色的产品来，他们的目的就是自己的原料卖得越多越好；加之他们本身对味道不一定敏感，进而会推荐你进一些便宜的原料，比如各种果味粉，往杯子里来几勺，加点水一冲，就 OK 了。

这样的店铺相对来说容易上手，不求质量，不求回头客，只要保证地段内有一定的人流量，就可以确保较为稳定的收入。

可是，“好门面难求”这一问题也成了创业者开店最大的门槛，好不容易等到或通过各种渠道找到一间空门面，也不是谁都能租得起的。商业房租基本上一年一交，而且好的门面根本就没有议价的可能。如果真有这笔钱租门面，在这样的位置，相信只要稍微用点心，做什么生意都能赚。

而对于业界良心来说，笔者并不希望有更多人开这样的店铺，毕竟购买的人群中还有正在生长发育的儿童。爱奶茶的人都知道，奶茶本身是很营养美味、很值得人们来一杯慢慢享用的人间好饮品，但是它也遭到很多媒体的负面报道，很大一部分原因归咎于这种廉价饮品小店的存在。这种店铺的增多，只会导致奶茶文化被歪曲报道和畸形发展。所幸，随着越来越多有文化、讲品位的年轻人进驻该领域，“两元一大杯”式的奶茶店会逐渐成为历史，消失在茫茫商海之中。

二、品牌加盟

已经着手准备开店的你是不是会有这么一种感觉——平时也没觉得有多少加盟品牌，自己真正想做的时候，早已被大大小小蜂拥而至的品牌合作信息绕得晕晕乎乎了？

在具体谈到这一章节之前，首先要了解直营、加盟连锁和合作之间的区别。

所谓“直营”，顾名思义，就是由总部直接经营，直接投资店铺或商场专柜，自行管理。采用这种方式投入的人力、物力、财力均较大，通常只有有实力的企业才敢这样操作，其目的是为了维护品牌形象，保证品牌的可持续性发展。如“满记”甜品。

加盟连锁是指通过总部对其持有的品牌及产品技术等进行分散转让，从而实现资本的优化。对于总部而言，可以通过出让品牌形象及产品技术迅速获得利润；而对于加盟商而言，可以在专业队伍的指导下完成开店及产品上架流程。在具体运营上，总部与加盟商之间无具体关系。

品牌加盟是目前比较火，也被很多人认可的一种商业运营方式，具有统一形象、统一管理、统一宣传等基本特征。如今，不仅是奶茶店和甜品店，就连咖啡店也开始有一些品牌逐渐放开运营，不再局限于连锁，而是在全国各省市展开加盟合作。如之前只做奶茶连锁品牌的“快乐柠檬”、具有一定实力的咖啡连锁品牌“漫咖啡”等，也都希望在国内如火如荼的加盟模式中分得一块蛋糕。

加盟的模式本身是没有什么问题的，而实际上选择哪个加盟的品牌的风险，远高于加盟本身。再加上总部和加盟商之间是互相需要又各自为政的矛盾关系，如果再一个不留神，加盟了一些“坑你没商量”的品牌，就等于白白把一笔加盟费拱手送人。

所以，在决定加盟之前，不妨走访一下身边加盟过奶茶店的朋友，看看他们加盟的是哪一类，也许能给你一些经验和意见。

三、属于自己的特色店铺

如今，奶茶产品同质化日益严重，产品口味、口感的区分度也越来越低，于是出现了很多装修很好看的奶茶店。这种店的装修风格总是会带些咖啡店的影子，却又不完全是咖啡店，只是在某些方面和这些个性小店存在一些重叠之处，在此不多做赘述。

我们开店吧

如果你打算入行，却不知道该如何做产品，也不清楚开店需要准备哪些设备，那么，开店初期一定会遇到各种麻烦。这些琐碎的问题会逐渐消磨你的意志，直到你把店开起来的那一刻才发现自己白费了很多不必要的金钱和精力，而当初想开店的那份激情也几乎消耗殆尽。

通过之前简短的介绍，加上对各种品牌的实地了解，相信你已经具备了一定的判断能力，并且能根据自己的实际情况和喜好做出选择。

ANGRY BIRDS

第二章

开店前的工作

第一节　不打无准备之仗

创业的路上拥有梦想，只是为了让你在征途中多一些安慰，而梦想本身不会成为成功的因素，只是你成功的动力。

奶茶咖啡行业属于餐饮业，是死亡率极高的行业，看似红火的表象下，有着极为激烈的竞争；餐饮行业之所以红火，是因为消费者都极具求新心理，所以经常会看到一家店铺倒闭又会有一家新开，周而复始。这是因为消费者们太容易厌倦。即便是长盛不衰的老店，也能看到他们会通过产品推陈出新来不断满足容易变心的消费者。

一、发现蓝海

什么是蓝海？就是指未知的、尚未有人涉足的市场空间，被发现的概率为六十亿分之一。相对应的是红海，是指人们已知的市场空间。

比如，在共享单车还未出现时，这片市场就是蓝海。

餐饮行业都这么多年了，还存在所谓的蓝海吗？

一定有，只是我们不知道。别问我蓝海在哪里，我若知道，还会坐在这里给你写书吗？

那怎么办？商界奇才何其少，还能整点新玩意吗？

这个必须能！因为你可以去找红海中的蓝海呀！

“因味茶”（inwe）是 2014 年创立的茶饮品牌。创始人缪钦在获得“奶茶妹妹”章泽天的投资后，将品牌打造成一家以中式茶为主的茶饮品牌店，被业内称为“茶饮星巴克”。店内所有物品都能扫码买走。它虽然属于红海中的蓝海市场，也找到了市场差异，但能否久存，其命运仍掌握在消费者的手中。

你一定要够独特，还要比同行更具市场实力，否则自己辛苦发现的蓝海市场，可能秒被更强的对手复制走。

二、另一个维度看自己

很多时候，顾客并不在意在哪家茶饮店喝多少次，而更在意每次消费过程是否愉悦。如果只是产品好，其他要素跟不上也是不够的。

产品只是多维的技术层面中的一维，你的高度越高，维度就越密集，品牌壁垒也就越牢固。所以，不仅是产品口味，其质量、价格、体验感、卫生安全性、供应链、运营方案等都是形成密集维度的要素。如果每个要素是一根线，你需要做的就是不断让线与线之间更加牢固紧密，形成一张密不透风的网。

很多人是揣着情怀和梦想开店的。创业的路上拥有梦想，只是为了让你在征途中多一些安慰和信心，少一些无趣和痛苦，梦想本身不会成为成功的原因，只是成功的动力。

所以，首先要清楚地知道，你要做什么——

不是为了梦想，而是在不断赚到钱之后让梦想得以实现。无论你打算开店的初衷是什么，都要不断告诉自己：先生存，后发展！

搞明白这一点，摆正自己开店的态度和目的后，就要开始思考另一个层面的问题——

我是谁？我能做什么？

如果你想烙一张饼，就要先看看自己有多大一口锅，有多少柴禾，够你烧多久，也就是要了解自己的优势。锅合适了，柴禾也备足了，下一步就要再问问自己，火候该多大，怎么个烙法。努力让自己的优势尽可能地发挥，再了解自己所具备的外在资源条件。

同理，开店之前，多问问自己：我的创新点是否新颖有趣？钱够不够用？我是否具备一定的运营管理能力？是否已做好了吃苦耐劳当老板的准备？是否已具备宠辱不惊的心态？多问几遍，相信你会得到更为准确的答案。

三、店未开，钱先行

在本书重新修订之前，我曾做过一次读者调查。其中，问到资金预算的时候，预算在 20 万元以内的读者占比高达 52.17%，20~30 万元之间的为 32.61%。

这个结果让我感到担忧。

且不说高昂的房租，前期置办设备、原料就是一笔不小的开支，还有持续不断的原料成本和人力费用。这些 20 万元以内就想开店的朋友，显得过于自信或盲目乐观了。一家店从正式营业到步入正轨至少需要三个月，真正稳定掌握收入状况至少为期一年。

如果启动资金过少，很可能店刚开起来，就会因突发事件导致资金链断裂，辛辛苦苦开起来的店也将如昙花一现。特别是对于没有开店经验的人来说，经历从 0 到 1 的过程中遇到的问题会更多，风险也更大。

那么，20~30 万元呢？对于有一定经验、心中有数的人来说，也是显得紧巴巴的。建议还是多准备一些钱，再行考虑吧！

第二节　我的市场在哪里

首先，需要肯定的是，不论高端市场还是低端市场，总有赚到钱的成功人士。

打个比方，做时尚服装有非常高的利润，不过几块布、一把剪刀，就能卖出喜人价格，为什么不进入这个圈子呢？因为你明白，同样是用剪刀剪两块布，但你剪出来的衣服就不一定能卖上这个价了。

为什么呢？

这件衣服不仅是衣服，也包含了设计师的理念，多年的积累沉淀和资源背景。你看着别人的东西简单，但简单和化繁为简是同一回事吗？

做饮品也是同理。不要看别人仅用几款产品就能令人趋之若鹜，进而觉得操作很简单。你只看到了自己能看到的部分，显现的东西是好学的，但俗话说“画龙画虎难画骨”，如果你摸不到市场的“骨”，你的处境就一定是危险的。

选择你熟悉的领域，服务你了解的人群，这是做好市场的前提。只有这样，你才能更容易摸清对方的消费动机、消费心理和习惯。你只要根据自己的喜好、感受去开店，再进行有针对性的推广即可。否则，在不了解大众需求的情况下盲目定位，你的辛苦付出未必会有结果。

第三节　模式的确立

模式是开店之前一个整体的架构和设想。一个好的设想能让你看清市场，更准确地进行资源和资金的配置，为消费者提供他们真正想要的产品，起到事半功倍的效果。

在确立模式之前，还需要弄明白几个问题：

首先，要问自己开店的目标是什么？预计大约多久能回本。不要妄想立马回本，或者越快越好，那么，这个问题等于白问。

给自己一个切实可行的阶段性目标，是对投入负责的态度。这个目标不用太长远，毕竟饮品行业的生命周期本就没你想象中的长。这个目标可以以一年为阶段，再接着细化至半年、一季、一月、一周，每天完善一点点，相信积累的力量。

其次，就是做好风险评估，包括可估风险和不可估风险。如果你的不可估风险占地太大，建议先缓一缓再开店，可能此时不是一个很合适的时期。如果你已列出预测到的风险，就一定要做好充分的准备，尽可能找到规避的方法，未雨绸缪。

同时，可预估风险也需要充分结合自身实际来做。

第三章

店铺的选址

平时出去逛街可能会有这样的体验——经常在某繁华熙攘的商业区逛街，但每次逛到一个地方，你可能就会在这里停下，也许是该拐弯或进入一个巷子，或是中途受到一个凌乱突兀的五金店影响而折返，即使过了这家店前面还是时尚的店铺，但就是不会再继续往前走了。这么过了很久，也许是几个月，也许是很多年，你突然惊讶地发现，你在这里逛了那么多遍，可就是有那么一两家店从来都没有进去过。那么，这个地方很可能就是顾客走不到的地方，也就是俗话说的“一步差三市”——开店的地址差一步就有可能少了三成买卖。所以，前期做好人流动线分析，是相当重要的。

选址总结为三点：天时、地利、人和。你也许会觉得看个位置没必要弄得像打仗一般，而事实上选址是开店的第一步，也决定着你今后的客流量。如果你想对自己投入的资金负责，还是认真点吧！

这里不能详述每座城市的好坏区位，所以在了解基本位置特点的同时，还需要根据自己所在城市的区位特点和人群消费习惯，选择相对合适的地段，规避选址常见的问题。

第一节　天时

天时，就是指开店的时机。

很多新人开店的心情是满心欢喜、充满斗志的。此时的你看到什么位置都会觉得是好的、是适合自己的，只要有一间空出的门面，你都会任性地给这间门面套上各种所谓的行业分析，然后得出“这里适合开店”的结论。要知道，冲动是魔鬼，千万不要掉入自己急于开店的心理陷阱，要慢慢等待，瞅准了哪间门面房相对而言适合自己，再进行下一步调研，包括这间店目前的主要消费人群、经营状况等。如果经营状况一直很好，就不要再等了，这样的门面不可多得。

另外，你需要了解自己所在的城市是不是适合开店。以奶茶店为例，有些地区经济相当发达，但对奶茶的消费意识和习惯还没有完全建立起来，那么，你开的铺子再完美，也不见得能受到多少关注和认可。还有就是口味的问题。比方说东北经济发达的城市也挺多，但当地人普遍不太喜爱甜腻的食物，他们更倾向于热炕头上的大乱炖、翠花酸菜和撸串儿。而咖啡店没有此限制，由于偏重氛围，提供休闲环境，更适合经济较发达、观念相对开放、消费水平较高的城市。比如云南、西藏等特色旅游城市，虽然当地人也不爱喝港式或台式奶茶，云南人更钟情于又酸又辣的米线，西藏人更喜欢喝自家煮的酥油茶，但作为文艺气息格外浓郁的旅游城市，来自四面八方的人流密集，咖啡店和奶茶店在这里都有市场，即便没有本地人的支持，也能做到可观收入。再如广东、海南，那里遍地都是奶茶铺子，有时一条街上奶茶店一家挨着一家，都不会影响到各自的生意，当地人都习惯并喜爱奶茶的味道，或边走边喝，或坐在店里慢慢品尝。而且，饮品店一般都是夏季生意好，如果能赶在 4~8 月这五个月期间开业（如果是学校附近，则应避开暑期），则更容易帮你形成人气，打开一个良好的生意局面。

所以，掌握大方向，再进行下一步，会更为稳扎稳打一些。

第二节 地利

地利，就是指店铺的位置。

谁都知道，市中心的位置好，但好位置意味着奇货可居，不可多得。那么，除了市中心，还有哪些地方适合开店呢？

一、大城市中的地铁口、公交站

地铁公交站很多，不是每个站口都适合开奶茶店。

比如刚开发的一个新区，那个站口从早到晚可能等车的人都不到十个；再如一个很大的老年社区，人口再多都极少会有人青睐你的产品，可能开一家老年保健品店更靠谱。所以，你要选择人流量较大，且年轻人密集的区域站口。比如SOHO周边、年轻社区周边、大型剧院影院游乐园周边、大学城周边等这样的站口附近，都是你可以考虑的区域。

二、大型商场内一层或广场上

很多商场虽然不靠近市中心，但由于整体运营较好，商业氛围浓厚，生意也会跟着很好。你可以联系商场内的相关负责人员，如果是开咖啡店和甜品店，则有一定的面积要求，选址在商场进门处或扶梯上下口处的话会更容易被看见。和饭店相比，它们对位置的要求更高，人们会在饥饿的时候仔细寻找自己喜欢的食物，却不会在口渴的时候特别选择喝哪家的饮品。

如果是开奶茶店，可选择的余地会大很多，甚至 10 平方米都可以操作起来。如果没有空位置，你甚至可以大胆地向商场负责人员提议，把广场空地出让约十平方米左右，开个奶茶店。一般来讲，广场的位置更好，而且租金更便宜。如果是开咖啡店，直接设计好吧台，在露天位置也是不错的选择。

三、学校旁边

如果在校园选址，要先对这所学校的消费能力和习惯进行了解。

1. 大学周边 > 高中周边 > 初中周边 > 小学、幼儿园周边

一般而言，大学生的生活费高于高中生，以此类推。而小学生和幼儿园的孩子没有任何自行操控金钱的机会，都需经大人控制，而大学生几乎不存在这个问题，且他们的人数相对而言会很多。所以，开在大学校园周边一定比开在高中学校周边要好，而小学生和幼儿园小朋友几乎不会碰咖啡。

2. 艺术院校周边 > 文科院校周边 > 理科院校周边

谁更爱吃？谁更爱甜食？一定是女生无疑。哪些学校女生多？必定是文科院校和艺术院校。

如果你将一家店开到一个放眼满是男生的学校周边，他们再有钱都与你无关。但如果是开在艺术院校门口，不仅有很多女生趋之若鹜，男生也多会来光顾。他们骨子里的文艺气息就快爆棚了，怎么可能会不在课余时间三五成群地来上一杯呢？

3. 全日制学校周边＞寄宿制学校周边

全日制学校是开放式的，而寄宿制学校基本上是封闭的。学生们揣在兜里的零钱配比也不一样。

全日制学校的孩子就算一周只有 10 元的零花钱，而这 10 元也是可以由他们无忧无虑地支配；可寄宿制学校的孩子，他们就算一周有 100 元生活费，也会先把生活所需的用度计划出来，若周末尚有余钱，才可能去购买自己所爱！而且有些寄宿制学校，学生是不允许出校门的，一周只能外出一次，即直接被校车拉回家。他们连光顾你的小店的机会都不会有。以上分析主要针对奶茶店和甜品店，如果开的是咖啡店，高中及以下的学校都可以忽略不计，学生们没有那么高的消费能力和充足的休闲时间。

4. 靠近市中心的学校周边＞大学城周边

不要觉得大学城的人很多，生意就一定很好。

大学城一般处于离市区比较偏远的区域。

当然，大学城的年轻人很多很集中，但他们一般会将自己的主要消费集中在周末，三五成群结伴坐公交去市中心逛街，并且会在奶茶行业生意最旺的七、八月离开——放暑假了，大学城会变成一座安静的空城，你的店会门庭稀落。

但是靠近市中心的学校就不同了，不仅平时有生意，即便在假期，也可以服务一些流动人群。由于地处学校周边，租金也不会相差太多。

当然，如果看到的位置是某大学城最繁华的区域，而该大学城的学生达到 8 万以上的人流基数，开一家店也不成什么问题，而且有的大学城不太适合单品价格较高的咖啡及酒吧。所以，还是要了解周边大学生的消费能力。

四、写字楼内

写字楼是咖啡消费人群最集中的场所，不但喝咖啡的人多，也便于为楼内商务人士提供活动场地，因此，很多想开咖啡店的人都会将目光锁定写字楼内。

实际走访后发现，那些写字楼内的咖啡店生存状况不容乐观。经对比分析总结，我们得出以下结论。

经营状况良好的咖啡店至少具备以下特点中的一项：

①店铺门脸朝外，可以兼顾到路人的生意。

②地理位置好，交通便利易找，可以在写字楼工作人员不上班的周末组织兴趣活动，增加额外收入。

③房租压力小，很多写字楼租金和政策不同，需要细致了解，并和相关负责人沟通。如果手里没有太多闲余资金，房租会影响你进入淡季后的周转。

④写字楼实际办公人数多少。有的写字楼刚建成不久或人流量少，那么，再大也没用。而有的店铺选择抱大腿的方法，效果却不错，即在“去哪网”“淘宝网”所在的办公楼下开一家，流水应该也挺可观的。

⑤竞争对手少的写字楼更容易存活下去。写字楼内总人数是基本不变的。竞争对手越多，分流也越多，压力越大。

⑥提供简餐的店铺。餐品是刚性需求，到了饭点都要进食，提供简餐可大大增加顾客进店点单的概率。

当然，好品质是一切店铺稳中求胜的前提，在做回头客生意的写字楼内尤为重要。只要品质好，楼层反倒显得不那么重要了。

五、犄角旮旯的胡同巷内

你的店铺足够独特吗？你的产品足够让人流连忘返吗？你的服务足够让人满意吗？你有足够的营销推广经验吗？你的店铺周边有足够多的停车位吗？

如果你的回答都是肯定的，那么，恭喜你找到了一个超具性价比的好地方！先以你的营销手段吸引到一部分顾客，再让这些顾客帮你进行口碑宣传，超低的租金成本、足够稳定的客源，也能让你在小角落中稳住脚跟。但是，这是需要相当的实力的哦，否则，你可能还会赔掉自己的装修成本和工资成本。

作为非刚需的快消品，更要在店铺的功能性上下功夫，也就是笔者在前面提到的咖啡店分类。这样的店产品价格基本是相对较高的。店铺内一般设置休闲区域，可以供客人上网、娱乐、聊天等。

喜欢找一个这样的小角落，在温暖的阳光下打发静谧的小时光。

他们销售的并不是产品本身，那么，这样的店铺一定要做到以下几点：环境好、功能多、带包间、设计风格有特色，目标人群针对性强，如果门前有停车位的话，那更是锦上添花了。

一般来讲，这样的店铺即使位置不是太好，还是会有人专门过来喝一杯，或谈谈事，打打牌。一天假若只有四桌，若每桌点两杯饮品、一份点心为最低消费数，以饮品汁 15 元一杯和点心 20 元计算，平均消费 50 元左右，那么，200 元中也会产生约 80 元的毛利润，每个月约 3200 元。再用心一点，每月做到 5000 元也不是什么难事，而且稍偏的位置周边会比较安静，会受一些需要空间或舒适度的顾客的偏爱，亦同行业的竞争压力也会小很多。这样的店更适合有一定经济条件的上班族开一家店消磨消磨时光，结交朋友。

六、店中店

随着线下店铺的租金高涨，一种新型店铺形式应运而生，就是店中店。

其实商场内的店铺也属于店中店，但这里所说的是在商场店铺里寄居的店铺或柜台。这种店不仅能借助其他店铺品牌的人气，还能有效节约房租成本和人力成本，乃至装修成本，大大缩短了品牌的推广时间，甚至一旦建立了良好的合作关系，还能轻松获得好位置，从而快捷铺开品牌，是很多品牌初创者的福音。

七、有特定配套需求的区域

影院内、游乐场、人流量大的广场和公园，都是开奶茶店和咖啡连锁店不错的选择。建议选择大型的影院和游乐场，由他们的人流量带动你的客流。如果你进入一家影院，而这家影院自身都面临亏损的境遇，那就果断放弃吧！

1. 不建议进入的位置

如果是开奶茶店或甜品店，作为快消品，盈利靠的是销量。一杯奶茶平均 5~8 元，单杯价位并不算高。除去原料、房租、水电、人员工资等各项费用，乐观计算一杯的利润大约是 2 元。不要随意听信加盟品牌给你做的数据，以他们的计算法则，所有店都会盈利，而实际并非如此，中间会忽略很多额外费用。比如他们不会计算原料的损耗，以及其他各式各样的意外费用。如果按照 2 元的利润计算，你每个月要卖出 1000 杯，才能赚到 2000 元。而前期的装修费等投入的费用收回后开始计算的利润才是你真正赚到的。每个月要卖出 1000 杯，则意味着每天你需要卖出 35 杯，这还是乐观的计算。如果一个月只赚 2000 元，还不如拾掇拾掇，老老实实找份工作得了，干嘛要费这心思！

如果以你前期装修的投入为 20000 元计算，那么，你需要一年才能收回成本。如果你是第一次开店，又没有经验丰富的人告诉你各种费用的支出，那么，实际花费会远超你当初的预算。据调查统计显示，每个新人开店都会或多或少超支。

所以，对于这类店铺不建议的场所就比较多了：

①人少的地方。这一点不解释。

②社区内。即使是人多的大型社区，很多人也没有在家门口买奶茶的习惯，就算“奶茶粉”占小区人数的一半，他们也不会每天来买上一杯带走。虽然这不是绝对的，但你的销量注定会低得很稳定。

③火车站、汽车站。这里的人流固然密集，但除了进站的，就

是出站的，他们的目的性很强。出了站的基本上直接搭乘别的交通工具驶往目的；而进了站的要不奔向候车厅，要不就是奔向肯德基、麦当劳——那里可以坐下慢慢等车，而且是免费的。即使也有很多奶茶爱好者经过你的店会带一杯走，但你要计算好这里的租金。

所以，在地点选择上，一定要透过现象看本质，不要被人流量的表象所蒙蔽。

2. 如何进行客流分析

客流分析，就是指在确定选址前对客流的停留率和转换率进行数据记录和分析。数据越多，分析结果越准确。

可见，数据的有效性显得尤为重要。

一般情况下，可以采用计数法来统计人流量。这也是最简单直接的方法。即安排几个人，在同一时间段分别于不同目标区域，拿计数器统计人流，一般要根据不同时间段进行记录，在工作日、休息日都要进行一次记录，才能得出相对准确的数据。

3. 了解你周边的商业形态

商业市场的复杂性就在于你永远无法照本宣科。即使你列出了位置的普遍性，仍无法保证自己规避了这些所谓市口不好的位置。

一个区域的商业形态也可以对你的生意产生影响，而且竞争对手不一定就是你的同行，还有可能是完全不同的业态。

这里仅假设两个业态。

其一，是在刚刚开发的区域。该区域位置比较偏，但由于有一个巨大的免费停车场，加之租房便宜，很多幼儿教育培训机构和饭店便将店开在那里。刚巧有一个饭店愿意将门面的一小部分租出去，如果能在这儿开一家带奶茶的小甜品店，生意必定不会差到哪里。

父母在接送孩子时，买上一些小甜点，是很正常的事；而周边的饭店也能给这家店铺带来一定的人气。这时，能用低廉的租金获取现成的流量，位置的重要性相应地就会被弱化。

其二，某区域是一个非常繁华的商业中心，周边住的大多数是成功人士，吸引了很多健身房、瑜伽馆来此扎堆。如果你只留意了位置和消费能力，而贸然开店，结果一定是不尽如人意的。相信刚从健身房、瑜伽馆锻炼完出来的人，应该不会来到你的店铺点一杯奶茶或一块蛋糕的。

第三节　人和

一、注意观察将来要面对的房东（商场管理部门）

不要以为拥有一个好位置，便从此高枕无忧了。蹚到一个好房东，包括私人业主或管理公司，也是至关重要的。

如果用心观察，你会发现总有那么一些门面在不断易主。位置不错，甚至各种行业都入驻过那间门面，别的店都好好地开着，就这间店总是在换老板。如果你接下的是这类门面，就要多留心是不是这个房东有问题。

笔者曾有一位朋友就遭遇过一个奇葩房东。那是一间很漂亮的门面，半圆形的落地玻璃间，楼上楼下，不需要转让费，租金也挺合适，很多人在这里开过不同类型的店，但都开不到一年就关门了。大家都认为是店老板不会做生意，这么好的地方，怎么就开不下去呢？于是，朋友觉得捡了个大便宜开心入驻，还将店铺豪装一番。半年过去，她的心血没有白费，生意一直蒸蒸日上，而当时周边的房租也大约在 3~5 万元之间，房东收取 4 万元房租也属中等价位。

但就在此时，房东找过来，告诉朋友要涨房租。随行就市，涨房租也合情合理，但房东狮子大开口，一下子从一开始的 4 万元涨到 7 万元！

朋友因装修花了不少钱，便跟房东进行各种交涉，但对方一口咬死少于 7 万元就得搬走。笔者当时建议报警，让她依据合同办事。

但朋友说，当初那么便宜租下她的门面，其中一条约定就是只签当年的合同，并且合同中规定，第二年到期不续租的话也不允许收取下一家的转让费。到后来，即使朋友主动妥协将租金加到 5 万，对方仍不愿意，只好忍痛搬离。估计之前的店铺也都是这么悲惨落幕的吧！

接下来不到半个月，这家店又被顺利地租给下一家做甜品生意。两个月之后，又转手给一家奶茶店，开了三个多月奶茶店再度消失……

房东心里是怎么想的，我们不去追溯，但就朋友这惨痛的代价告诉大家，千万要跟房东签至少三年的合同，并且要事先约定好房租的涨幅，否则，对方随时都有权力让你走人，而你没有任何发言余地。因此，不要为一时的诱惑而降低自己的门槛底线，诱惑的背后往往就是华丽丽的大坑。

一般情况下，商业区的租金涨幅是不超过 15% 的，每个城市或有所不同。对此，你要做到心中有数。比如一个店铺的年租金是 10 万元，你就要算好第二年 15% 的涨幅是 11.5 万元。在这个范围内，如果你觉得自己能 Hold 住，但租无妨。而且，涨跌之前要先跟周围的商家进行了解和沟通。其实，在租之前，能跟周围的商家老板多聊聊这边的房租情况，了解一下他们是否有租金压力，对你最终做出选择也是一个很好的参考。

如果你遇到 个拥有好多间门面房的房东，你就要多加注意了。首先，他们对市场行情把控得比较准确；其次，他们见过、经历过的租客比较多，在谈价格的经验和技巧上都比较强；再次，有些房东靠出租作为家庭的主要收入来源，对租金看得会比较重。

而如果是自己做生意，顺便有一两间门面房出租的，这样的房东通常会比较好说话。因为他们本身也能体会到挣钱的不易，不会过分地跟你要价，其价格一般都是跟着周围门面租金价位走的，而且会更容易讲价。

这里一些简单的小办法可以有助于你了解房东。比如你可以以装修耽误时间为由，跟房东提出宽限几天计算房租。如果这个房东很在乎天数，他很可能是个斤斤计较之人。不是说这样的门面一定不要租，而是跟他们打交道的时候尽可能将协议完善再完善。如果你很幸运，租到了好的门面，又遇上很好讲话的房东，别忘了逢年过节送点小礼物表达谢意。这些小方法也不是绝对的，需要在与对方打交道的时候多动动脑子，保护好口袋里的银子。

此外，你可能会遇到只跟你一年一签的房东。这样的门面最好不要租。既然租下来，就要做好长期做下去的打算，可以签个三五年，房租一年一交也没什么问题。只签一年，太没有保障了。

笔者还有一位想开奶茶店的朋友，就遇到过这样的情况。

她看中的位置非常好，房租每月 3500 元，转让费也只要 3.5 万元，上家是做手抓饼和饭团生意的，生意很不错。对方不想做的原因是说自己每天要很早就起来准备米饭等各种食材太辛苦。当时，双方都谈得差不多了，转让费也压到了 3 万元，最后请房东过来谈的时候，对方要将房租涨至每月 5000 元。朋友觉得 5000 元也在自己可承受的范围内，但还免不了继续讨价还价了一番。还价的过程中，房东无意中说：“你自己看吧，不租也没关系，他这个饭团到期了，我自己接着做也能赚钱。”朋友就有些警惕了。

试想，如果是一年一签，到期滥涨房租或直接收回，朋友拿不回转让费不说，房东自己接着她辛辛苦苦打下的基础啥也不需要动就能开工，自己岂不是为他人做了嫁衣?

最终，她没有租下这间门面。果然，房租到期后，上一家没有转出去自动离开，房东坐收渔利，自己当起了这个饭团店的老板……

相对于以上所提到的私人房东，管理公司的收费会更加公平，但不代表合理，一般收费都会比较高。他们会根据市场行情对租金进行整体调控，来维持这个商圈的商业平衡性和稳定性。为了留住商户，收取更多的租金，管理公司也会不遗余力地帮商家做各种宣传推广活动，带动人气，从这方面来说，还是很不错的。而一旦商业氛围形成，坐地起价也是分分钟的事儿，接下来能不能留住顾客、发展更多客源就各凭实力了。

最重要的一点：与其花时间去了解房东，不如一开始就签好合同，细化合同条款。要相信规则永远比人情靠谱。

二、观察出让方的情况

在租下这间门面，需要面对转让上家的时候，请打起十二分的精神，去辨别他们的所言是真是假。不要随意听信上家的话，他们已经做好了撤离的打算，且目的只有一个：就是尽快找到下家，早一天找到便能多省一天房租，最好是能找到一个不懂行情的土豪，尽量多转点钱出来。因此，他们会跟你夸大其词，甚至是偏造谎言，而当你问到对方这么好的门面为啥自己不做时，他绝不会告诉你是因为房租要涨了，或者生意不好做，只会告诉你，家里老婆要生孩子啦、孩子要出国念书啦，等等，各种与店铺本身经营无关的理由。反正，将来双方再次见面的可能性基本为零。

所以，可以要求看一下对方的营业情况，或者向邻铺多询问打听。

三、别忘了身边的朋友

不要怕麻烦身边的朋友，虽然朋友不会像你自己那么认真用心地去寻找各种门面出租和转让的资讯，但毕竟多一分观察，多一些思考，总能好过你独自寻找。而且有的很抢手的黄金位置根本轮不到你去看一些广告，就已经被他身边的朋友介绍给别的有需要的人了，这也是为什么你总是看不到步行街上会有哪家贴出“出租转让”的广告。所以，在需要大量资讯的时候，可以托朋友帮忙留意，可能一些好机缘就存在于某个不经意间，有哪个朋友的朋友刚好有这方面的资源，你就赚到了！

最后要提醒一句：做生意不要盲目跟风，不要以为别人在这里开店能赚钱，你跟着做也能赚到钱。有时候，一个区域只足够容纳一家店盈利，两家同样的店，僧多粥少，只会是都吃不饱。而且，那家店开在那里是不是盈利，你并不了解，也许只是看到了它表面的风光。所以，还是多看多问多判断，不要主观臆断，用心找到自己心仪又合适的铺面。

四、和物业、未来的邻居搞好关系

都说“和气生财”，不是没有道理的。物业、未来的邻居对周边的情况，一定比你更为了解和熟悉。有时，他们得到一条可靠消息，也可能帮你避免极大的风险。比如，我在开第一家奶茶店时，位置很好，前面是市中心，后面是一所重点高中学校，所以一直盈利。可一年后得到消息说这所高中学校即将搬走，便当机立断转给了一位做手机生意的下家。就在我转走之后的三个月内，这里仍陆续进入了一两家饮品店。不到半年，这所学校搬走了，整条街的餐饮生意突然冷清了下来。相信进入后的那几家便是没有深入了解周边的情况才盲目入驻的，而我当时若没有及时撤出，可能会成为转让的最后一棒。

有一个方法可以帮你发现问题。如果你在这条街上，突然发现很多家店都贴出转让的消息，那么，就要多加注意了，一定要问清楚，或者侧面打听。如果你直接去问转让方，对方有可能不会告诉你实情。

第四章

加盟和培训

说到设备、原料和产品之前，大家是不是觉得又绕回之前的一个问题了——我到底要不要加盟别的品牌？如果不加盟，产品和销售，又该从何入手？而一旦决定走加盟这条路，就要先做好信任总部的准备，寻找一个理念、风格和自己最接近、自己最喜欢的品牌。

第一节　如何选择加盟品牌

一、防不胜防的商业大招，你能过几招

商场如战场。不是所有的品牌都是为了做品牌而做品牌，也不排除有些不良企业是为了在最短时间内获取最大利润，精心布置好一个个合法陷阱，就等着不留心的你往里面跳。

经过观察和对比分析，笔者总结出了以下“狠招”。当然，我们也不必害怕，见招拆招就是了。

第一招：撒大网——过度宣传自身品牌

当你想了解一些加盟品牌的信息的时候，你会怎么做？

上网。

你会在网上对大大小小的加盟品牌进行搜索和比对，最后锁定若干家后，再进行深入了解。

这些忽悠你的品牌就会藏身于此，和一些大品牌一样，在一些大大小小的网站进行大肆宣传。甚至有的会开 N 个号，在“百度知道”中大范围地自问自答，统一模板为：“我想加盟一家奶茶店，有谁能支支招啊？”“加盟 ×× 啊，多么多么好！”

看到这里，你一定会问：“我不上网，还能有什么别的法子了解某些品牌呢？”

还是上网。

不要光去看“百度知道”，更不要过度信任诸品牌的百度排名，

“大众点评”也是一个很好的工具，虽然它不能保证“0刷评率”，但一般的加盟店全国各地都有一些，看看各地顾客对该品牌和产品的评价，再进行初步判断。

还可以搜索关键词，如“××骗子”等，去了解一下此品牌的负面评价。当然，不能避免不良同行会故意抹黑的情况，但一旦这类文章多了，且语言风格大不一致，就有可能真的是被坑了的受害者的泣血陈言。那么，你就要多加小心了。

有的品牌会有看起来很高大上的官方网站，甚至还有全国各地的店铺照片，翻一翻感觉已经有很多家了，发展很好的样子。而实际上，这也是你深入了解这个品牌到底好不好的最佳机会。你可以顺藤摸瓜，从中了解各地加盟的情况。比如你看到“上海闵行店”，那么，就用关键字百度一下“××上海闵行店”，了解一下所有展示出来的店铺中，有多少家还在继续营业，有多少家已不复存在；进而还可以深入了解尚在营业的店铺营业情况如何，甚至可以去就近的店铺实地走访一下。如果店铺关闭率超过总展示店铺的30%，那就意味着水分和虚假信息较多。

如此扫荡一遍后，剩下的符合以上条件的品牌相信也为数不多了。这时，便可以召唤“神兽”，彻底绝杀这些大坏蛋！

这个“神兽”叫作“中国商标网”（http://sbj.saic.gov.cn/）。进入页面后，点击“商标查询”→点击“我接受”→选择“商标综合查询”，填第35类，输入你想查询的品牌名称或公司名称。以“漫咖啡”品牌为例，便可以查询到这家品牌是否进行过正规注册，是否具备加盟资格，等等。

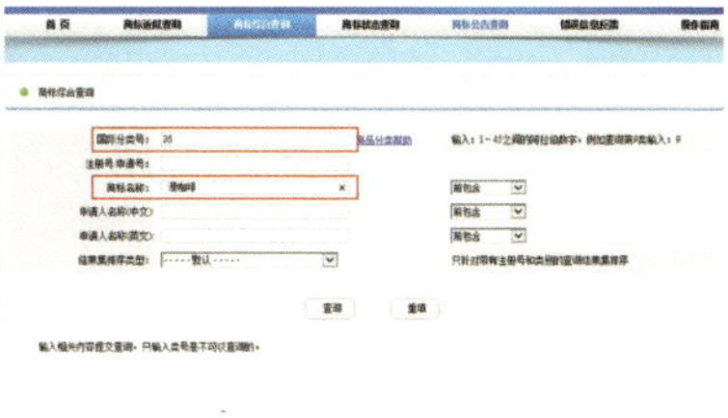

点击商标查询→查询→详情

第二招：亮出“哈哈镜”——刻意弱化开店难度，夸大产品利润空间

一般给你放这个大招时，说明你已经准备走进总部，开始进一步了解并进行初步的合作洽谈了。

谈话的内容是非常重要的。你可以在谈话和细节中，发现对方的目的，到底是想急着拉你入伙，还是真心帮你做分析。

笔者在向某奶茶加盟品牌做利润方面的咨询时，得到以下收支数据：

支出项目	费用（元）	备注
房租费	10000 元	工资以 2 人计算
水电费	1500 元	
人工费	2000 元	
原材料	2500 元	
总计	16000 元	

以每日客流量 300 人，人均消费 5 元计算，每天营业额 1500 元，每月 4.5 万元，全年 54 万元。

每月支出 1.6 万元，全年 19.2 万元。54 － 19.2=34.8 万元。

多美好的行业！一个小小的店，一年挣 30 多万；半年回本；第二年买房；第三年买完车，就能娶媳妇生娃了！而咖啡由于单杯均价在 30 元左右，在加盟考察时获得的数据会更为夸张。

事实真是如此吗？

我们来看看支出项目。首先，我们必须承认商家很精明，将很明显的费用都写得高高的，甚至远高过你所在城市的消费均价，让你觉得对方真的是在为你考虑，帮你算账。

房租费 10000 元？算是比较好的城市，比较不错的地段了，甚至有的你看中的位置并不会这么高。这时，你会觉得这个支出表预估的价位诚意满满，遂放松了警惕。

水电费 1500 元？这个费用你会觉得很高，平时你在家交电费一个月交个三五百都觉得很多了，1500 元也差不多了吧？不就多一些设备的使用吗？其他的和家庭用电应该差不多吧？

但实际上，商用电价远高于家庭电价。如果省着点用的话，一个店铺用电量在 1000~2000 元之间都是很正常的。笔者开店时的电费大约是 2000 元 / 月，曾无意中瞄到一家咖啡店，看到他们的电费单子上面打着 9300 元 / 月的时候，也是醉了。

人工费 2000 元？这是几年前的工资水平吧！现在估摸一个人就得 2000 元了。据了解，这个行业店员的平均工资，一线城市约为 3500 元 / 月，二线城市约为 2800 元 / 月，三、四线城市约为 2200 元 / 月。而且，照着每天卖 300 杯的基数计算，一个店两名员工是忙不过来的吧？还要考虑每天上班时间和每周休息时间，如果按照早晚班排，保守估计也需要至少四个人。

原料费 1500 元真的够吗？太不靠谱了吧？按实际日出 300 杯的

量计算，最保守也要有 8000 元的原料开支。因为光外带杯的成本按最廉价的价格计算，每个月都要支出约 2000 元。我们继续按照对方的算法进行计算：一天 300 杯，一个月 9000 杯。单杯毛利润率（仅计算饮品售价一此杯饮品所使用原料）约为 80%，那么，5 元一杯的产品所需要的原料费用约为 1 元。1×9000 杯 =9000 元。

是不是吓了一跳！而且 80% 的毛利算是极高的了，一般是 70%~75% 之间；如果是咖啡，能有 60% 就不错了。前面也说了，毛利越高，原料的品质就越低。而净利能达到 25%~30% 就已经是成本控制的高手了，要知道，很大一部分成本是交给房东的。而且原料的损耗大约占其使用量的 1%~2%，这些对方都没有计算进去。

然后呢？没有然后了吗？真的没有其他开支了吗？

还有广告宣传、税务费用和其他杂七杂八的费用，加起来也挺多的，保守按照 1000 元计算，我们重新计算一下成本：

支出项目	费用（元）	备注
房租费	10000 元	
水电费	1500 元	
人工费	8000 元	工资以 4 人计算
原材料（含损耗）	10000 元	
杂费	1000 元	
总计	30500 元	

30500 元 ×12 个月 =36.6 万元

不过，现在产品都涨价了，以每日客流量 300 人，人均消费 7 元计算，每天营业额 2100 元，每月 6.3 万元，全年 75.6 万元。

75.6 − 36.6=39 万元。

你是不是会很兴奋？比人家商家算的结果还要高呢！这商家只是少算了几个开支，总体来说，还是很诚实的！你若真这么想，就又上当了，因为我们还没有算收入。

那么，“一天 300 杯”又是什么概念呢？

我们首先必须承认，在一个繁华的商业步行街，一家名气超大、人气超爆的奶茶店，一天可能能卖更多，上千杯的盛况也出现过。但请不要拿他们做比对，因为这真的只是某个商圈甚至全国范围内极少数的个例。

我们走访了解了一些位置不错、人气尚佳的店铺，统计后得出：旺季售出量大约在 400~500 杯之间，淡季约为 30~100 杯之间；也就是说，淡季甚至会亏损。所幸，旺季能拉动淡季，平均也在 200 杯左右。

我们按照日均 200 杯，每杯 7 元计算，每月 4.2 万元，每年 50.4 万元。

50.4 − 36.6=13.8 万元。

如果是第一年，还要算上设备成本和装修成本，甚至转让费。

这是奶茶店的统计结果，而咖啡店的人流量会比奶茶店少很多。所以不要盲目乐观，被憧憬冲昏了头脑。一般一家做得不错的奶茶店日均能达到 200 杯的话，每年的收入大概能保持在 12 万 ~15 万元。比起一般的公司上班族来说，收入还是较为客观的，且相对舒适的。但生意都是有赚有亏，我们见到的血本无归、惨淡收场的店家才是大多数。

所以，真心不要轻信商家的这些把戏，同时，要感谢你所遇到的给你找问题、泼冷水的商家，只有站在你的角度真心帮你做分析的商家，才会秉持对自己品牌认真负责的态度，才是真心想和你一起发现问题、解决问题，做强做大的商家。

小贴士：你所了解的项目上拉高预算，在你不熟悉的项目中大幅拉低预算，制造假象，等你交完钱开完店之后再发现，已经晚了。

第三招：慢慢下饵料——给个大便宜让你拣

典型招式——加盟即送全套设备。商家对于此招屡试不爽的根本原因就是：你是外行。

如果一家公司告诉你只需要很低的费用，还表示会附赠全套设备，你会不会觉得天上掉馅饼了？同时，你再反过来想想，如果加盟费那么低，还送你全套设备，那他们上哪儿挣钱去？没有钱，他们又如何维持品牌的正常运营？要知道，品牌本身的树立和宣传就需要不小的费用。难道真的如他们所言，是因为品牌刚刚建立，而你是因为可以帮他们扩大规模和影响力，所以才能享受到此政策？也许一年后，当你的店铺在秋风瑟瑟中关门大吉时，你再进入该品牌的网站，这个优惠政策还在，理由如出一辙。

当然，不排除真的有刚起步又想扩大发展的品牌。但你要想清楚，和这种品牌并肩作战，对方是把你当成一个战壕的战友，还是把你当成其发展道路上的垫脚石？

如果真是很不错的、很有发展潜力的品牌让你看上了，你也一定要问清楚，送的是哪些具体设备。最好能列出一个清单，再上淘宝查一查它们的价格。不要用淘宝的最低价去跟对方的价格比，这样不公平，毕竟淘宝的低价可能是质量很次的产品，翻新再上架的店家也不在少数。基本上查一个大致的中间价位，再算一下总价，如果赠送的物品价值实际总价在 1000 元，甚至更少，你就要做好后期补全设备的准备。因为这些所谓的全套设备只能为你提供一个基本保证，让你能把这间店开起来，不会缺东西，至于设备的效率如何、好不好用，那就不好说了。真正的奶茶设备其实并不便宜呢！后面的章节里，笔者也会对此有详细的介绍。当然，在多数情况下，你会觉得反正是免费的，也就无所谓了，总比一些品牌加盟了什么也不送的强吧！

第四招：频繁施压力——让你牢牢握住这个“转瞬即逝的赚钱良机”

三招过后，你还在犹豫？嗯，定力不错！可对方也不是省油的灯，不能就这么让进了窝的白鸭子飞走！

于是，他们会开始提出让领导、老总、负责人之类的权威人士出面和你谈，让你感到自己备受重视，以及对方无比真诚的态度。这种施压方式是看不见、摸不到的，目的就是完全覆盖你的气场，让你对他们所谓的行业分析和见解无比拜服。其实，他们早已摸透你来的目的和心理状态，并且充分利用你冲动的、对未来无比憧憬的投资心理，再加上是总部领导层亲自会见，更会让你信心满满。

以上不过是放的几个大招，还有各种小招，五花八门，防不胜防！即便不把你的血槽放空，也会以雁过拔毛之势让你留下点保证金、订金啥的。

总之，不管你有没有心动，是不是认可，先看好自己的钱包，只要不掏钱，不轻易签字，就不会出问题。

二、乱花渐欲迷人眼，真假品牌怎么选

大品牌和小品牌，好品牌和差品牌，真品牌和假品牌，光是看

着就有点晕了吧！不用紧张，还是有一些办法，能够帮助你进行判断和了解。

1. 判断总部的正规性

很多人都是第一次加盟，无不充满好奇并无比期待，最重要的是——毫无经验可言！所以，在辨别的时候，一定要学会透过现象看本质，不要被表象所蒙蔽。

一定要记住，正规不代表装修得华丽丽，只要有 10 万元，哪个公司都能装修得体面风光，令人好感倍增。

踏入加盟品牌的大门时，你除了看到他们与众不同的装修风格，以及整洁明亮的办公环境，更要注重公司的文化细节和员工的身心状态。

人才是一个品牌发展的核心，不是看装修怎么样，也不是看营销人员的口才，而是用心去体验、去感受这个公司的员工在工作中是不是正面积极的，文化氛围是不是充满生气的。品牌发展得越好，员工在这家公司的安全感越高，幸福度自然而然就上升了！所以，你不但要听营销人员怎么讲，还要找机会多和其他员工进行交流沟通，比如设计、产品研发人员等，在与他们的交流中，你还会不经意地学到有用的东西。

2. 实训场所以及周边加盟商家

实训场所指的是在你加盟之后总部教你做奶茶等产品的地方，一般正规的品牌会有一个专门的操作间，供来自全国各地的加盟商学习和交流。当然，即使有的品牌会提供更贴心的服务，比如有专业的培训老师前往你的城市提供上门指导教学，但是有机会也要去看一看他们的实训场地或者产品研发场地。

到了实训场后，一尘不染、井然有序的状况反而是有问题的，从来没有进去过人的房间和刻意摆放供人参观的场所才会呈现出这种状态！真正的实训场所应该是杂乱却不失洁净，而且多多少少会有一些正在学习的人员。

试想，待在里面的人，除了培训师能够很熟练地将物品摆在正确的位置，新人怎么可能记得住奶是放在哪个位置，量勺又摆在哪里呢？

看完实训场地，接下来就要让对方带你去看看店面实况了。如果由总部的人带着你去，是为了让你了解一些有价值的信息，还是只是走个精心安排好的过场？

另外，产品的定时更新也是维持店铺产品的强大后盾。好品牌都会注重产品的推陈出新，甚至有实力的品牌还会拥有专门的新品研发部门，以保证产品的更新换代。

3. 观察一直陪伴你左右的营销人员

正处于兴奋激动状态下的你，旁边必定会有一个口若悬河的营销人员。对于他的话，给你们一个建议——请自动屏蔽。他们对你做出的各种介绍，目的只有一个——和你签约，让你掏钱。小心，可能你付完钱后看到的就是另外一幅场景了！

所以，你只需要礼貌地聆听就可以了。特别是帮你计算成本以及收益的时候，不要轻信，那些数据很有可能是不实的。

这时，你肯定要问了，那该怎么辨别呢？

其实，你只需问他一句：“这个表格在我想开店的位置好使吗？”如果他连你的店在哪个位置都不清楚，或者在对你所在的城市并不了解的情况下就回答“好使”，那么，你就不要再继续浪费时间，可以直接离开，这样的回答已经暴露他们毫无责任心。

每个城市，每个人想开的店，每个店所面对的人群，都是有一定差异的。就像你不要想当然地以为，奶茶店开在大学里就一定赚钱。要知道，奶茶店的旺季是七月和八月，而这时学生们都放假回家了。

4. 加盟门槛以及优惠政策

如果你多跑几家，会发现不同品牌的加盟费和门槛都不一样，而费用的高低也不是辨别品牌好坏最合适的标准。

第一类：知名品牌

谁都知道，牌子越大，运营和管理也越正规，投资也越有保障。但同时，加盟一家知名品牌，不是什么人都把握得好的，需要一笔不菲的加盟费用。而且有的品牌为了有效控制品质，降低管理风险，往往不会对外一个个地谈，只会在一个区域（比如具体到某个省）寻找一个代理商，费用从 20 万到 100 万元不等，具体每家店的费用和政策也不同，同一家品牌会根据所在城市的人口数量和经济发展状况进行分类收费。

除去像“地下铁”这类出现较早、已被大众所接受的品牌之外，目前做得很火也很专业、后续服务也能跟得上的品牌还有“都可”（coco）等。他们不但发展快，也经过了几年的市场验证，在产品口味和品质上都是让人放心的。他们的门槛不仅高在费用上，还有各种严格的管理要求，比如不允许私自找原料商进原料、不准私自增设总部没有的产品，甚至有的总部会要求占一部分股份等。其实，笔者也很能理解品牌和加盟商之间合作又对立的关系，双方相互需要却不一定百分之百彼此信任，而拥有一部分股份是对品牌，也是对加盟（代理）商自己负责。用利益将彼此紧紧拴在一起，同生死，共获利。

第二类：正处于良性发展中的品牌

中国地大物博，限于资金或人员等各种因素的影响，不是所有好产品都能在全国范围内得到迅速发展壮大。有些好的品牌可能在一到两个省内能看到，而且拥有很好的口碑，但邻近的省，就几乎没有他们的影子。

这样的品牌一般都处于发展中，急需加盟商扩大自己的市场覆盖率，提升品牌知名度，所以价格一般都会比较亲民，并且有各种优惠政策。他们的加盟费用一般只需要 2 万 ~10 万元（甜品店大约在 5 万 ~20 万元），甚至更低。

不排除在这一堆混杂的品牌中，也有些刚起步且做得还不错的小牌子。他们的区域化比较明显，由于资金和经验上都存在一定不足，基本上会专注于某一地域深做，以点到面，慢慢发展壮大。其特点是：产品好，口碑反响也不错，很多时候，他们也是自己摸着石头过河。在后期的服务、原料的跟进上，不一定能做到尽善尽美。这样的品牌需要你支付的费用也比较低。这样的潜力品牌一般来说都是可遇不可求的，一旦你抱着和总部互相信任、一起成长的心态，也许有一天，你会和总部一起成长为参天大树。

如果你手里的费用不太充裕的话，那么多在这些品牌中选择吧！但找到这样的品牌就像找对象，需要具备一定的眼光和运气。

加盟的同时，你要考虑到这些加盟品牌离你所在城市的距离，因为会涉及原料的物流成本，这可能会成为一项很大的开支，这是你在开店之前预料不到的。比如你想加盟的品牌总部在长沙，但你家在黑龙江，而对方在东北地区又没有发货点，那就不要考虑了。

这些细节问题也都需要在加盟之前了解透彻，如此，才不会在开店之后出现各种问题，影响双方的合作。

第三类：坑蒙拐骗没商量的品牌

就像本段之初所说，价格本身不是一个很好的评判标准，很多骗子如果真想骗你兜里的钱，会在价格系统、优惠政策等方面做得似乎真实可信，介绍的时候更是无比动听。所以，补充以下几点作为参考：

①有无系统的管理模式

这个标准并不是通用的，不是每家公司都会在你刚开始了解的时候就把相关资料拿给你看，更多公司会在你付完费用之后，才将它们交到你手里。而且这个判断标准对于新人来说貌似有点虚，因为刚进入此行业的你，面对手里正看着的这套所谓的管理模式，并不知道它到底怎么样，也不能无端质疑别人的东西。

②已有多少家实体店

这是一个很关键的点！

在了解加盟费用之后，你一定要问清对方已有多少家实体店正在经营。但是——绝不能仅从数量上判断该品牌的实力。要知道，哪怕是肯德基，也是从第一家做起的，难道当时唯一的那家肯德基就没有实力了吗？很多好品牌刚起步的时候，都是只有一两家店，甚至存在资金上的窘境。运用正确的逻辑思考问题，不要通过表象来做判断，否则，只会让你忽略一些刚起步而实际上很有潜力的品牌。

问一下对方有多少家实体店，要的并非一个数字，因为他们的数字再大，都与自己将来的营业额无关。我们只需知道，那些实体店分别开在什么位置，盈利情况如何；再根据他们提供的信息，尽可能去一趟离你最近的城市，见一见那位加盟商。相信这位已经加盟合作多时的店主一定能给你提供很多更加真实的信息，并与你分享部分开店的经验。如果总部支支吾吾不愿意透露这些信息，也不希望你去了解，那一定是有问题的。

还可以通过搜索 QQ 群查找，看看是不是有该品牌的加盟商群，有的话，就加入他们，多问一些情况，同时，今后也能在这个圈子里学到更多东西。

还有一个细节，就是要了解这位加盟商已运营的时间。你所在的城市，一定有一些突然经营火爆又一夜之间销声匿迹的店铺。这都不过是加盟商的营销手段——制造假象，让人感觉该品牌很有人气，很赚钱。实际上，到中后期服务跟不上，缺乏推陈出新的产品的能力和系统的管理模式，运营乏力，最终吃亏的还是加盟商自己。

③准备签约时，要判断协议是否清楚明晰

在决定签约之前，双方一定会进行一番讨价还价，你也会要求对方给予一些更好的政策。如果对方同意协商后的要求，记得请对方将这部分内容加入到你们的合同协议中去，以免付款之后各种问题没有得到落实，想找对方理论又没有任何依据，而公司可以完全无视你的愤怒。

第二节　培训学习

如果你对想加盟的品牌不够信任，或者只是想开一家完全属于自己风格的店，甚至创立一个专属的品牌，打一片属于自己的天下，那么，可以选择去某培训机构进行产品和技术方面的培训，好好体验一下自己驾驭店铺装修和产品研发，以及品牌推广方面的全过程。

目前，奶茶和甜品的培训还真的不多，相对而言，它们比较简单，技术含量不高，产品同质化现象较为严重。说白了，就是没啥可教的，网上倒是有声称卖技术、卖配方的，个人感觉不是很靠谱，不过偶尔买回来作为参考也比花好几万甚至几十万元加盟要合算得多。

相比之下，咖啡和西点学习的范围就大多了，相应的培训学校和教学方式也多如牛毛，老师的教学水平更是参差不齐，花大把钱什么都没有学到的人也不在少数。

何泓操老师正在向学员示范冰滴咖啡。

学员们品尝着自己做的爱尔兰咖啡。

刘强老师的拉花教学。

还有一些专门开设一对一咖啡基础和拉花培训的个人店铺，每次上课之前，只需要提前预约时间，每次课程只教一名学员，非常适合新手入门。这类课程的优势是可以在最短时间内吸收最实用的咖啡知识，还有机会真正走进店铺，深入实战，学习了解店铺运营。

第三节　店名和商标

一、起什么店名好

店名作为店铺的首要标志，显得极为重要。

一个好的店名不仅要自己喜欢，还要容易被大众记住并易于接受，这就意味着需要考虑的方面更多，即使做不到面面俱到，也要做到朗朗上口，一目了然。

首先，你需要知道你的店有什么特色，主打哪些产品，是什么样的风格，吸引什么样的人群。明明卖的是甜甜的奶茶，那么，像“辣翻天”这样的名字就不能用了，这是不言而喻的铁律。

人们对文字风格都有特定的喜好，但如果完全按照自己的喜好定名也是不可取的。比如针对 30 岁以上的商务人士的大店，“上岛”“两岸”这样的名字就显得大气有底蕴；而面对文艺青年，可以尝试一下冷僻字的繁体，这么做比较冒险，但如果你对人群划分非常精准的话，不妨一试；对小朋友来说，你跟他们说大气，他们可能并不买账，那么，“小甜甜”之类的名字可能会更吸引他们。当然，并不是一定不能根据自己的喜好来起名，你的店吸引的可能就是和你喜好相同的那类人。

其次，名字是不是顺口也非常重要。我家楼下曾开过一个店，有个极为拗口的名字，叫“哈维丽卡”。因为太难记，且一直不知道卖的是什么，我还以为是与民族服饰相关的店，半年后一次巧合进到店内，才知道竟然是卖奶茶的！最终能够记住那个名字，也是因为那次进店，又认真繁复地念了几遍店名。搞不懂起名字的人为什么要起个这么无法勾起人食欲的名字——也许是某个少数民族的什么专有名词，代表某种特定的美好含义吧？而像“一点点”“卡旺卡”这样的名字，虽说不出它们表达了什么，但听完就能记住，跟朋友们推荐起来也很顺溜。

再次，尽量避免一些山寨英文的店名。比如曾看到一家店叫“史努布”，第一反应想到的是“史努比”，而不是什么奶茶品牌，加上这样的名字也比较拗口，很容易把人们对产品的品牌值拉低。

除非你的产品真的非常好，好到人们愿意忽略店名，那么，你就来吧，可劲儿造作吧！

二、要不要注册商标

1. 为什么要注册商标

刚刚做店的时候，会有人问你有没有注册商标。如果你说还没有，他们可能会像专家一样严肃地告诉你，你必须要注册一个商标，否则会怎样怎样。话虽如此，但是否真要注册，只有自己知道。

注册商标，有助于保护自我品牌，提升品牌的可信度，并且树立品牌形象。不可否认，在商标品牌的自我保护上保持一定的敏感性还是很有必要的。

商业市场变幻难测，不乏企业做大之后因无注册商标而花高价购回的案例，也有无数注册完商标没多久品牌就消失的案例。是否一定要注册商标，需要根据你的规划来决定。

如果你只是想开一家小店以维持你的生活，不想有更多的压力，就没必要去注册商标，等以后产品做得好了再注册也不迟。有人会想，如果等我想注册商标时名字被人注册走了怎么办？那就把之前的产品设备更好地完善一下，重新换个名字再做吧！只要产品好，更新后的品牌只会更加好做。

如果你一开始就决定走连锁加盟的品牌之路，哪怕将来做得不好，注册的商标浪费了，也一定要提前注册。做品牌和做一家店不一样，若将一家店比作一只小船，那么，小船则能够更加灵活便捷地调转方向；反之，做品牌的话，想改商标就没那么容易了，要尽早做好准备。

注册商标所需的时间比较长，顺利的话，整个过程大约要一年到一年半左右。

2. 注册商标的费用

如果自己去北京商标局注册的话，一个类别需要支付 300 元，一般会注册为第 43 类。但有的商家为了品牌保护，会多注册几个类别，像“喜茶”就注册了 8、27、29、30、31、32、33、35 和 43 类。具体类别在查询商标时就能了解到。

对于不在北京本地经营，加之对商标注册流程不熟悉的人来说，这也是一件耗费精力的事情，还不如交给代理公司。像标库网（http://www.tmkoo.com/），不仅能够方便地查询到商标，也从事代理注册商标的业务，以及猪八戒网、知果果等，都是可信度较高的专业代理注册商标的公司，费用也比较合理。

3. 注册商标的流程

如果决定自己去注册商标，一定要先查询自己想要注册的商标是否可以注册。以免商标已被他人注册，还要更换名称，再重新提交申请，也会耽误很长时间。

查询方法在加盟商的章节中做过介绍，在此，不再赘述。

如果发现商标还无人注册，就需要准备一个 Logo。如果没有Logo，文字也可以，去北京国家商标局填写信息，亦可进行网上提交。

小贴士：商标可以是文字、字母、数字、图形、声音、三维标志或其组合的颜色。

如果是以个人名义申请，就需要提交个人身份证，以及个体户营业执照；如果是以公司名义申请，则需要提交公司营业执照。

接下来，就进入商标局的审查流程了，详见下图：

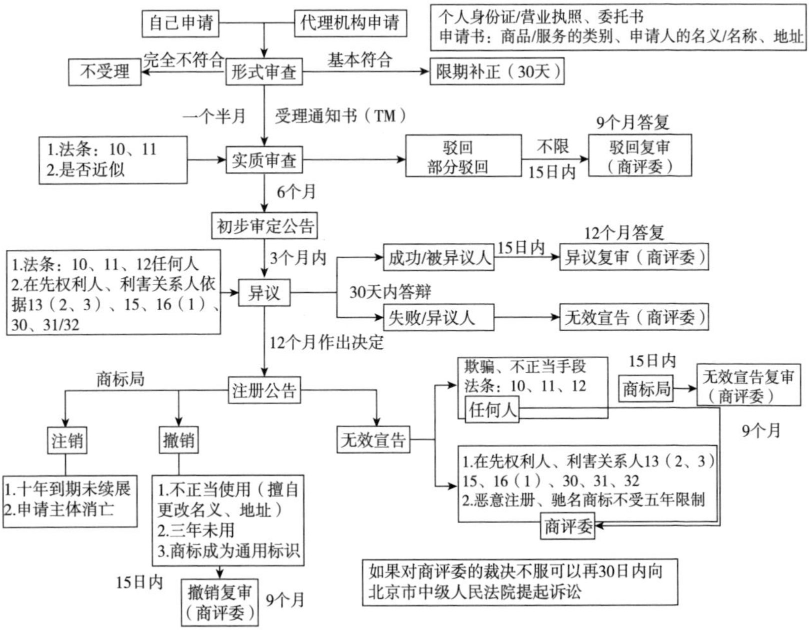

注册公告期间，没人提出商标异议的话，商标就注册成功了。商标局在 3~4 个月后，会下发商标注册证书。

第五章

设备和原料①

① 本章节所标示的价格仅作为参考价格，实际价格以市场行情及当地经销商销售为准。

第一节　设备

在你走进饮品设备原料的批发市场或逛淘宝店的时候，你会有种陌生又新鲜的感觉。对于一个刚入行者来说，所有设备都是那么有意思！在深入了解它们的各自用途的过程中，很多你一直想弄明白的问题也会一一得到解决——原来，咖啡是这样做出来的！原来，做松饼的机器是这样的！原来，漂亮的饮品的分层是这样的原理……

作者将以一种经验分享的方式为大家介绍一些常用的开店设备，希望能让大家在选购设备时少走弯路，少吃亏。

饮品设备之大设备

一、封口机

封口机的体积不大，需要配合封口膜使用，主要适用于流量较大的奶茶店；而咖啡店和甜品店由于外带频率低，没有购入必要，使用质量、质感好的杯盖代替，还能衬托出产品的档次。

封口机分手动和自动两种，两者价格差距也非常大。手动封口机市场价大约在 260~350 元之间，自动封口机则在 1800~4500 元之间。

其实，两款机器的工作原理都是一样的，通过高温将膜边缘熔化，使膜与杯口紧贴，而周围被切断掉落。不管是自动的还是手动的，都可以封直径 95 毫米和 90 毫米的标准杯。

手动封口机

手动封口机可以选择的颜色很少，市面上只见过蓝色和黄色两种。每次使用时，需要自行将杯子推入，手持旁边的把手压下后停留 2~3 秒，再取出杯子。这种封口机适合小型奶茶店处理不多的杯数时使用，省钱且耐用；缺点是外观普通，不亮眼，效率也极低。

自动封口机

目前市面上的自动封口机有多种颜色，且品牌繁多，价格也是相差甚大。很多新人一不小心就会花高价买回一个水牌或翻新货。但自动封口机看起来实在是高大上，将杯子往上一放，会自动封好弹出；若将封口机放在吧台上，也能使整个店看起来很专业！笔者推荐自动的，虽然贵一些，但在你忙起来的时候，会发现它真的是太高效了！

“益芳”是行业内普遍使用的品牌，售后也比较方便，配件也容易买到。笔者本人使用的是“麦登”品牌，也非常令人满意。入手至今没坏过，也没换过油，所以不太了解售后情况。更早之前，笔者还花 2600 元在网上买过一款贴牌封口机，但买回去不久就坏了。封口机不是一盒饼干，七八十斤重的物品寄回去检修，经历两次装箱和搬运，机器内部很容易受损。

后来才知道，很多封口机、果糖机等都是被翻新过的，甚至有公然贴上大品牌再进行第二次销售的。所以建议选择在当地的经销商处购买，价格可能稍贵一两百元，但品质有保障，售后也方便。

二、果糖机

果糖机内舱只能放果糖，糖水等则不适用。

果糖机并不是开店必备品，很多店铺也没有果糖机。一台果糖机的价格也比较高，一般在 1500~3500 元之间，主要根据品牌和产品型号来区分。

果糖机的优点就是测量精确。设置好投糖量之后，每次只需轻按按键，就可以在一秒之内流出你所需要的糖。好的果糖机不会出现糖量不准确或滴糖的现象。而每台果糖机有很多按键可以设置不同的克数，使用起来非常方便。

很多店铺会选择糖压瓶，市场价约 35 元 / 个。将果糖或配比好的白糖水放入糖压瓶内，根据需要按压压嘴，流出糖液。但它的出糖速度比较慢，比较适合咖啡店和新开的奶茶店使用。在不知道生

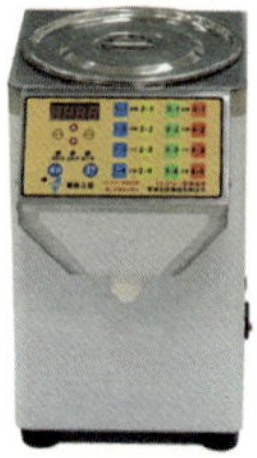

果糖机

糖压瓶

意如何的情况下，可先在操作台或吧台位置预留一个果糖机位置，等生意转好后再入手，让它成为你的事业小伙伴。

咖啡店建议用糖压瓶就足够了，咖啡本身无须加糖，大多是给糖包。

三、制冰机

也有很多朋友不使用制冰机，而会在当地寻找一家制冰点让对方送冰块。如此，会增加你的成本，而且购买的冰块是否安全卫生，难以监控。

即使作为一名良心商家，你也不会一家家地去检测冰块的安全性，还是放弃让人送冰块的想法吧！接着，你认为可以去买一台千余元的冰柜，冻上很多冰格，需要的时候再拿出来——真的，不要那么想！

你可以先买三块冰格做一个测验，计算一下放满这三个冰格的水再放入冰箱共需多少时间，再想想大致的用冰量，除以三，乘以打算购入的冰格数，你会发现累加起来是一个相当不短的时间！而且在将冰格送入冰箱之际，你还需要拥有一个极为发达的小脑来保持平衡，同时拥有极大的耐心，这样才可以尽量使水不洒出来。而冰格在取冰时非常容易与手接触到，增加了卫生隐患。

当然，作为刚开店的新人是可以做各种尝试的。比如，在你不知道客流量的前提下，可以买十个冰格放在冰箱里备用，同时注意避免与易串味的食物一同放置。预留出制冰机的位置，等需要的时候再购入。而且除了迷你型的，一般制冰机的门都是在侧面而非顶面，可以预留在吧台或操作台下方以节约空间，方便使用。

同品牌制冰机的价格是根据其制冰量递增的。国产中型制冰机价位大约在 3500 元左右，大型的基本用不上，还有迷你家用机……品牌的制冰机价格很高，同等制冰量的机器中，进口制冰机的价格约是国产的 1.5 倍以上。其实，有些国产制冰机质量就不错，价格也比较亲民，可以选购。

如果把制冰机中的压缩机比作人体的心脏，那么，压缩机的性能直接关系到机器的效果和寿命。所以，机器压缩机的牌子是很重要的。另外，冷凝器、回流管保护和风扇也对机器的寿命起到很大的影响。

一般国产制冰机有个特点，就是噪音较大，如果对环境要求高的，还是建议购买国外品牌机，像弗格森（FOCUSUN）、万利多（Manitowoc）、斯科茨曼（Scotsman）等，都属于好品牌。

国产迷你家用制冰机（制冰量10～20kg）价格区间：500～1000元	
国产中小型商用制冰机（制冰量30～100kg）价格区间：1500～6000元	
国产大型商用制冰机（制冰量300kg以上）价格区间：0.8万～20万元	

四、沙冰机

沙冰机有商用和家用两种，由几部分组成：底座、塑料容器、橡胶棒，以及不锈钢刀组成。可能整台机器中最值钱的部分就是底座和不锈钢刀了。底座决定着机器的运转，而不锈钢刀的质量决定了产品的口感和机器的使用寿命。

一般的沙冰机品牌有台湾的“小太阳”“瑟诺”“元扬”等。这些机器的型号多，价格相差也比较大，从 800 元到 3000 元的都有。有的连锁店会很任性地选择更加昂贵的上万元的机器。至于为何价格差距这么大，网上有个狂人用 Bendtec 把 Iphone plus 和三星 Note3 搅成渣渣的视频，不妨搜索看看。“星巴克”用的是 Blendtec Smoother，“咖啡陪你”用的是 Vitamix，可以去这两家店尝尝他们冰沙的口感，做到心中有数。

笔者个人建议根据自己店铺的档次来选择机型，不但使用舒心，而且会省去各种售后的麻烦。再者一台性价比高的一体化沙冰机可以让你省去其他设备的购入费用。“元扬 EJ-816”是笔者很喜欢的一款机型，机身小巧，只需购买一个机器和四个配件，就能同时完成沙冰、奶泡、奶盖、萃茶的工序，还可以做一些不需要去果肉的鲜果产品，一机多用，省钱又省空间。

Blendtec Smoother商用q-series	Vitamix The Quite One

约8000元	约14000元

元扬EJ-816	小太阳第三代	瑟诺SJ-C30A	象好消音SH-992

约1800元	约800元	约1600元	约1600元

五、开水机

不要小看它烧开水的用途，作为一个会大量用到水的店家，买一台快速有效的开水机，也能帮你节约更多的时间和精力。

1．一般电烧水壶 目前，市面上销售的容量最大的烧水壶只有10升，假设一杯饮品需要500毫升的水，最多只能做20杯饮料，还需要另置保温瓶/桶，使用不方便。

2．圆柱形烧水桶和方形开水器 这是一种简易的烧水机，市场价大约在350~400元之间。这种水桶的容量较大，出水快，但烧水很慢，而且没有自动进水功能，必须用瓢盛水往里面加。这种开水机最大的缺点不在于此，而在于其所装的开水都是反复烧的，对人体有很大的危害性。由于机器插了电，为防止干烧，它的出水口并

2L开水壶

10L开水壶

圆柱形烧水桶

方形开水器

不安装在桶底，而是在侧面，导致最下面大约有 15 厘米高的水会一直在桶内反复烧开。而且，这种开水桶的桶身是圆柱体，比较占空间，出于对健康的考虑，不建议使用！

3．方形开水器　可供选择的容量较多，而且有入水口，可以自动进水。这种机器市场价不等，工作原理很简单，一般在 300~800 元之间，比较占地。

4．步进式开水器　这种开水器与普通开水器最大的不同就在于逐层补水，逐步加热，直至水被烧开，属于节能烧水设备。它可以真正做到冷热水分离，电能控制确保仅一次沸腾，从而彻底避免重复加热，杜绝“阴阳水”；进一部分水加热烧开后，再从底部一部分的水加热，直到水箱满为止，可以连续出开水，避免传统开水器整箱水烧开后才可取水的等待时间，出水温度恒定在 92℃ ~99℃，是目前很多店铺使用的机器。

普通步进式开水器

好的品牌有瑞士的“Queen 牌”，约 2800 元，一般 1000~1500 元之间的设备也够用。好机器的稳定性和质感会更好一些，外形也有助于拉升店铺的档次。

瑞典 queen 开水机

六、净水器

作为一家合格有责任心的店铺，安装一个优质并且能做到定期更换滤芯的净水器，是出于为客户健康考虑的基本行业素养。

可当你走进净水设备专卖店的时候，净水机、软水机、纯水机就已经让人目不暇接了，三极管、五级管等这些业内用语更让人听着理不清头绪。

首先，简单介绍一下这几种类别的区别。

软水机：顾名思义，就是把水变软。它的工作原理是通过离子交换，对硬水进行软化，而硬水指的就是水碱含量高的水（水碱越多，烧开水留在壶底的水垢就越多），安装后无须更换滤芯，机器的核心部分是一种树脂，可以有效吸附水中的钙镁离子，也不需要更换。当树脂达到一定饱和度的时候，去超市买一包无碘盐，融化成浓盐水，将水中的钙镁离子置换出去，便可以恢复树脂的吸附功能。而它的作用很单一，就是单纯去除水碱。而水中的杂质、细菌、病毒和重金属，是无法过滤掉的。一般水质较好的城市可直接安装在开水器入口处即可，水烧开后就可以饮用。

净水机：净水机的种类和价位区分是非常多的，也最容易让顾客挑花眼。一般使用 PP 纤维棉、活性炭，根据滤芯等级，能够过滤掉自来水中的杂质、铁锈、部分细菌、病毒、胶体等。一套好的净水机的滤芯分 1~5 级，第一级是初过滤，为 PP 纤维滤芯，主要用于阻隔泥沙、虫、铁锈等杂质；第二和第三级为活性炭，主要用于吸附氯等异味和异色，以及部分细菌；第四级为中空纤维膜或陶瓷滤芯，除去剩下的细微颗粒和有机物；第五级为后置活性炭，主要用于改善口感。

纯水机：很多消费者都容易进入一个误区，以为装了净水机就可以高枕无忧了。实际上，滤芯的成分对重金属和水碱的作用不是很大，甚至有的便宜的净水器根本无法去除重金属和水碱。所以，我们日常所说的净水机实际上就是纯水机，全称是“反渗透纯水机”。

纯水机只是比净水机多了一个步骤——通过过滤 RO 膜反渗透分

离技术，将水中所有细菌、病毒、重金属、有机化合物等全部过滤掉，从而实现真正的净水。所以购买时，不需要再纠结于买哪种，只要买这种纯水机就好。

纯水机的滤芯也不是统一更换的，而是根据当地水质和用水量进行不定期更换。

更换滤芯	更换时间参考（按平均日销售 200 杯左右估算）	
	旺季	淡季
PP 纤维滤芯	2 个月	4 个月
活性炭	3 个月	6 个月
中空纤维膜或陶瓷滤芯	8 个月	10 个月
精密 RO 反渗透膜	12 个月	16 个月
后置活性炭	6 个月	8 个月

注意：以上表格是指一般水质的城市，仅作为参考，对于水质污染严重的城市务必缩短更换时间。

需要添加净水管道的入水口有：水槽处直饮水口，咖啡机、制冰机以及开水器。安装净水器不仅是对食品安全的重视，也能很好地维护昂贵的设备。很多人都是因为不够重视水质，最终导致咖啡机锅炉结水垢，一年一大修，费钱费时费力，得不偿失！

不论多么豪华的外观，抑或昂贵的价格，对于设备来说，滤芯的质量是重中之重，所以选择一款容量大、实用性高的纯水机即可。而且，目前一些国产品牌做得就很好，考虑到安装和后期滤芯更换等售后问题，建议在当地购买。

八、收银机

1. 关于收银机

笔者在第一次开店时，买了一台 6000 元的机器，加上软件，合计 7500 元。这台机器质量确实很好，估计用个十年八年也不会出问题，但在经营过程中，通过深入了解，发现朋友们买的 2000 元左右的机器用着也挺不错。

之后，我就开始研究，发现其实收银机的核心在于它的软件而非收银机本身。收银机其实就是一台压缩过的电脑。

话说“吃一堑长一智”，在我开第二个店的时候，就根本没买收银机，而是自己从家搬了台旧电脑，上网买了一台 12 寸的二手电脑显示屏、一台标签打印机和一个钱箱。总共只花了 500 多元，而且不再需要在收银机旁放一台电脑上网办公了，因为它本来就是电脑啊！将钱箱放在吧台上，再将键盘和显示器放在钱箱上，打印机放在显示器旁，就成了一台能连接网络的收银机。收银买单的时候，只要后台设置正确，就能实现和收银一体机一样的功能。

标准收银机

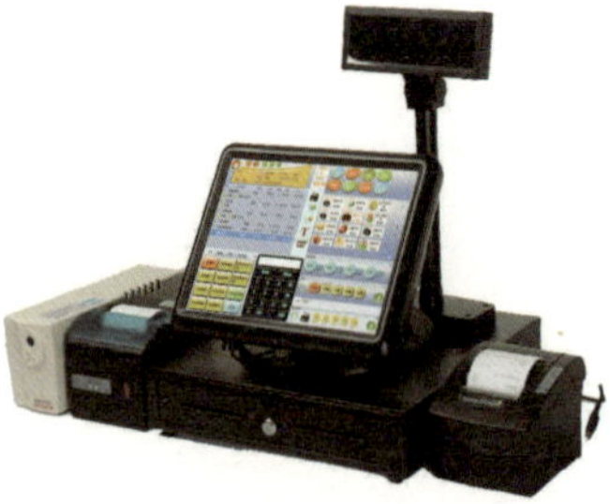

触屏收银机

2. 关于收银软件系统

原谅笔者是个软件白痴，在经历过各种相似软件后总结出一条：不要买餐饮软件系统，直接购买“奶茶收银系统”就好了。餐饮软件更多的是为饭店设计的，很多地方都不适用。

只要保证购买正版的收银软件，基本上是不会出问题的；而使用盗版软件会存在数据丢失，且无法恢复的风险。“德立信”的就不错，价格大约在 2000 元左右（http://www.21emb.com/delixinsoft/）。

九、冰箱、冷藏 / 冷冻操作台、冷藏展示柜

一般情况下，买一款容量稍大的家用立式冷藏冷冻一体机便可解决原料保管问题。而简餐种类多及售卖冰淇淋（Gelato）的店铺则需要购入专门的冷藏 / 冷冻操作台，上面可以作操作台面使用。可根据需求，定制款式和尺寸，价格也各有不同。

冷藏展示柜可定制尺寸和款式，也可购买现有尺寸。常见的有 90 厘米、120 厘米、150 厘米等规格（宽度）。

冷藏 / 冷冻操作台

单门冰箱

冷藏展示柜

冰淇淋展示柜

冰淇淋球挖勺和冰淇淋铲

冰淇淋展示柜的尺寸可根据品种数（偶数）进行选择，分为圆形和方形。销售 Gelato 冰淇淋需要另行配置冰淇淋球两挖勺和冰淇淋铲。

十、咖啡机

咖啡机，对于奶茶甜品店来说可有可无，而对于咖啡店而言则是必不可少的。

下面两张表分别是同等价位的单双头机器参数对比，以及同双头不同价位的参数对比，能够帮助大家梳理咖啡机的参数常识，有助于挑选自己中意的咖啡机。

如果确定购入一台咖啡机的话，首先要根据客流量来决定是购买双头的，还是单头的。如果一天达不到 50 杯以上的销量，在同等价位的条件下，选择一台性能稳定的单头机比一台便宜的双头机要好。

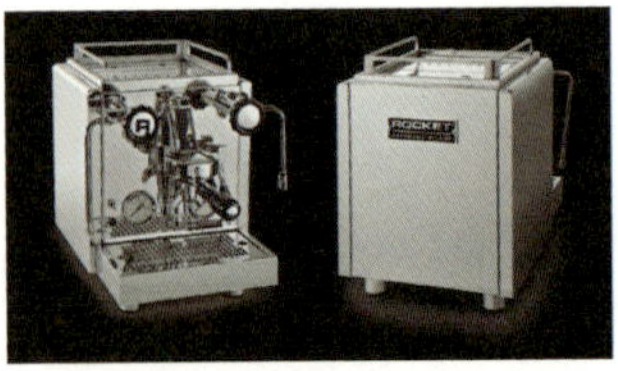

rocket r58

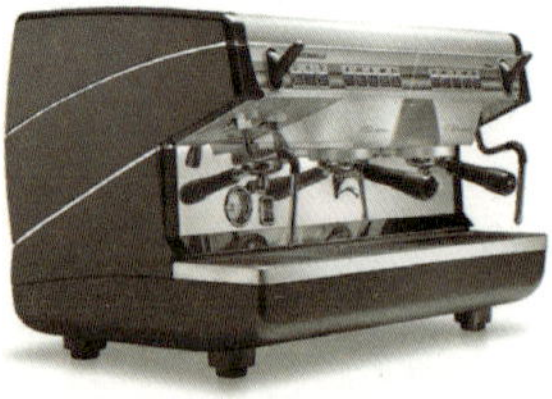

nuova appia2

表5-1　单头“rocket r58”和双头“nuova appia2”参数对比

参数	rocket r58	nuova appia2
市场参考价（元）	22000	26000
产地	意大利	意大利
机身尺寸（毫米）	340×425×350	785×545×530
机身材质	AISI304 全不锈钢	不锈钢 +ABS 塑料
可选颜色	银白	白、红、黑
净重（千克）	23	60
冲泡头	铜制商业冲泡头	铜制冲泡头
锅炉容量（升）	1.7	11
* 锅炉材质	纯铜	纯铜
* 锅炉结构	双锅炉	热交换式单锅炉
* 锅炉温度控制	PID	—
功率（瓦）	1400 ～ 1550	3000
* 蒸汽	双蒸汽头，不锈钢防烫处理，精细出泡	双蒸汽头
泵型	商业旋转泵	常规螺杆泵

表5-2 （双头）“La San Marco Serie 85E”和“La Marzocco StradaEP”参数对比

参数	La San Marco Serie 85E	La Marzocco StradaEP
市场参考价（元）	24000	130000
产地	意大利	意大利
机身尺寸（毫米）	720×545×470	475×800×675
可选颜色	银色、红色	银色、黑色
净重（千克）	60	70
冲泡头	铜制商用冲泡头	饱和冲煮头 精密滤篮
锅炉容量（升）	12	1.3×2
* 锅炉材质	铜制	不锈钢
* 锅炉结构	双锅炉	完全独立锅炉
* 锅炉温度控制	—	PID
水箱容量（升）	12	8.2
功率（瓦）	3500 ~ 4500	4900
* 蒸汽管	双蒸汽头	杠杆驱动双蒸汽头，不锈钢防烫处理
泵型	内置电机水泵	多泵，单外固定转速泵

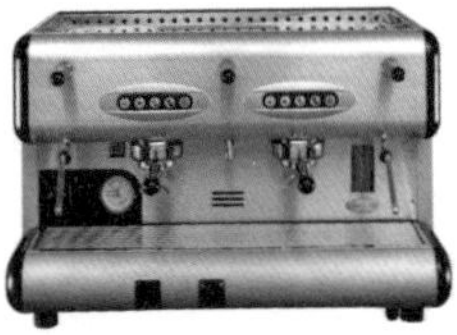

La San Marco Serie 85E

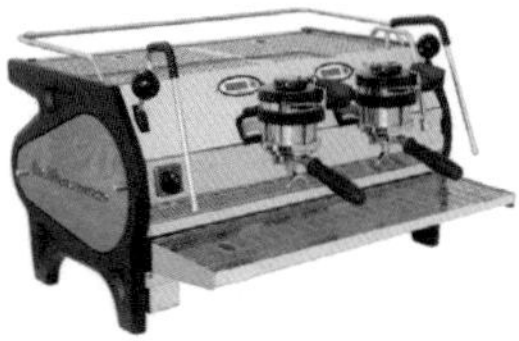

La Marzocco StradaEP

是不是看得有些如云里雾里？图中标注“*”号的都是比较重要的参数值，是决定机器价格的重要因素。

锅炉是一个很关键的配件。锅炉的材质有全铜的也有塑料的，价格会相差很多。其中双锅炉的特点是：蒸汽 + 热水以及萃取咖啡是两个分开的锅炉，这种锅炉的特点是可以确保蒸汽制作和咖啡冲煮时温度的稳定性和持续性。

而机器使用的材质是决定机器质量的重要参数，说白了，用料过硬的机器越不容易坏，价格也越高。单头的价格在 8000~30000 元之间；如果店铺的风格定位介于奶茶店和咖啡店之间，且人流量较大，那么，建议买台多头机器。如果开奶茶店觉得买一台最低 20000 元的双头机太贵，建议用速溶咖啡粉冲着卖，也是个办法。低于这个价位的机器，宁可不买，用起来很容易坏的，修起来也挺麻烦！

全自动咖啡机的价格也从几百到十几万元的都有。一般商用的在 5000 元左右就可以，且操作方便，适合以奶茶为主、咖啡为辅的店铺。这都是普通亲民实用款的价位，不同价位的咖啡机使用起来是差不多的。但不要太指望这样的机器打出的奶泡能拉花。

这里，很多人会有一个误区。大家一般认为，全自动的比半自动的更高级，所以价格应该更高。其实，在咖啡机中不是这样，同等质量水平的机器相比，半自动咖啡机做出来的咖啡比全自动的要好很多，主要体现在萃取的产品口感上。

相比专业咖啡机，家用咖啡机就便宜很多，只需要 1000 多元，甚至几百元。但做出的咖啡品质不是特别稳定，且水容量小，需要手动加水，出杯速度慢。所以，不建议购入。它更适合放在家中，

飞利浦 HD8753
全自动咖啡机

家用全自动咖啡机

一天做几杯自娱自乐。而且，一台好的咖啡机会给你带来更大的方便，你会乐在其中，体会到咖啡萃取的乐趣。

目前，国内咖啡机市场不太规范，时常会有不法商人将国外淘汰的机型低价进口到国内，再高价售卖，所以，大型设备还是建议到当地代理商或专业性强的人士处购买。

如果你真的不愿意花这么多钱，那去二手市场转转吧！咖啡机和其他机器不一样，一般都是进口的，质量也都很好，即便是二手市场的机器也很少有旧到几乎不能用的。所以去专门的酒店咖啡设备二手市场转转，也是一个省钱又比较安全的办法。当然，购买时也要注意，毕竟二手机器的零部件都不是新的，有的甚至已经老化到不能正常运转，因此，在细节上要多注意，不建议新手选购。

此处是重点：咖啡机一定要装净水器！千万别省这笔费用，因为水垢日渐沉积会影响锅炉的使用寿命，重者会导致电磁阀等其他看似不相关的零部件损坏，甚至造成短路，也会影响机器的压力，影响咖啡萃取的稳定性。

还有一些手工咖啡器具，它们本身就是一件件艺术品，放在店内也能起到一定的装饰作用。

虹吸壶

比利时虹吸壶

chemex 手冲壶

爱乐压

摩卡壶

TWIST

十一、磨豆机

如果配备了咖啡机，就必须有一款相匹配的磨豆机。可以说，如果咖啡机决定了咖啡的口味，那么，磨豆机就决定了咖啡豆本身的品质。咖啡界有一句流传甚广的话：“好机配烂磨，不如烂机配好磨！”可见，磨豆机的重要性。同一款咖啡豆，如果使用错误的粗细度和粉量，那么，品质会相差甚远。

所以，选择磨豆机，要慎之又慎！建议根据咖啡机的品质来选购。

常见的几款意式咖啡磨豆机品牌有：“锡刻玛”“飞马”“MAZZER”，价位从 2000~8000 元不等。

锡刻玛，约 2000 元

飞马 900N，约 3000 元

MAZZER-Supper Jolly，约 4000 元

Nuova Simonelli，约 20000 元

单品咖啡磨豆机常见的品牌有：“Hero”“Hario”“Solis”（电动），价位在 100~1000 元之间。

Hero 手摇磨豆机，108 元

Hario mscs-2tb，约 200 元

Solis 166，约 1100 元

饮品设备之小设备

虽然建议大家尽可能买更好更先进的设备，其实，也可以根据自己的实际情况和喜好来选择更合适的设备。

接下来，向大家介绍一些常见的小设备和一些专业用词。有时，在购入这些盆盆罐罐时，多说一些这样的专业词汇，可以让卖家认为你很在行，而不敢忽悠你。而且建议在购买小设备之前多跑一些店铺，看看有没有正在转让的店面，买二手的会很划算，而且几乎不存在质量方面的担忧。

饮品类

1．糖压瓶　用于压果汁等不带颗粒的流动或半流动液体。每个价格在 35 元左右，一般要配 4 个以上，压嘴用坏了可以买替换装。

糖压瓶

2．份数盆　份数盆的适用范围非常广，一般都是不锈钢材质的。质量好的，价格也高，一般奶茶店装果酱等常用原料的份数盆尺寸有 1/6（17.6×16.4×15 厘米）和 1/4（32.5×16.2×10 厘米）二种，价格大约在 35 元左右（20×20 厘米）。要根据店内销售的产品来确定数量。它也可以用来装珍珠、西米等饮品的辅料，所以，多备几个吧！

不同尺寸的份数盆用来盛放不同的原料。

标准勺

3. 标准勺 后面将要说到饮品制作中提到的标准勺，作为计量之用。买标准勺的时候，要注意选择硬质的勺子，勺子过软会舀不动果酱之类较重的原料。也是根据店内的原料来确定数量。

搅拌棒一般有 25 厘米和 32 厘米两种尺寸。

4. 搅拌棒 搅拌棒有两头，一头是一个平平的小勺，另一头是一个小叉，用途顾名思义，就是用来搅拌果酱、果汁类饮品的。一定要买硬质不锈钢的，否则容易变形。一般配 3 ～ 5 根螺纹的就可以。

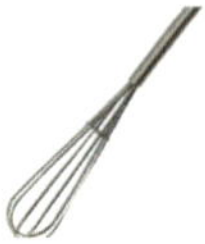
迷你手动打蛋器

5. 迷你手动打蛋器 用于打鸡蛋和搅拌粉类饮品。有时，粉类原料用搅拌棒会结块，影响产品品质。一般配两个就足够了。

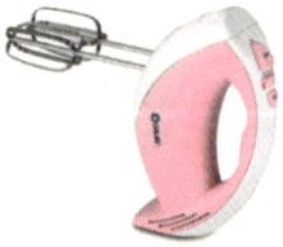
东菱 HM–876 打蛋器

6. 电动打蛋器 用于打发奶油，比较实用。推荐“东菱 HM-876”，质量好，马力大，性价比高。

宜家 365+ 长柄锅

7. 长柄不锈钢锅 这个锅很重要，但不需要买太贵的，尺寸约在 30 厘米以内，价格适中即可。煮珍珠、西米、芋圆、红茶等都要用到，而长柄能让你在每天使用的时候感觉更为方便。推荐宜家的 2 升（直径 20 厘米）锅，官网价 59 元（现在可能有变化）。

8. 手摇雪克壶 “雪克”来源于 Shake，意思是“摇晃”，有不锈钢的和透明的两种材质。将所需的几种原料放入壶中，加水后盖上盖子使劲摇几下，就能很好地混合原料，也是做鸡尾酒的必备工具。只能做冷饮，否则，壶盖会因受热而被顶开造成危险。一般热饮都用奶昔机（Milk Shake）来搅拌。

有 350cc、550cc、750cc 和 1000cc 几种容量的。笔者一般会选择 550cc 和 750cc 的，一种容量配两个就够了。

两种不同材质的雪克壶。

9．奶昔机　奶昔的英文名是 Milk Shake，指的是与奶混合后摇出丰富泡沫的冷饮或热饮。“奶昔”传到中国后，基本上就成为跟奶和冰一起打碎混合出的无冰块颗粒感的冰饮。实际上，奶昔机就是用来很好地调匀奶跟其他原料的机器。不要以为奶昔机就是做奶昔的，在国内做奶昔的机器是沙冰机，而奶昔机和雪克壶的功能差不多，价格约在 200~300 元之间，买的时候不要弄错了哦！

单头奶昔机

10．滤茶袋　做奶茶时煮红茶必备的工具，用于过滤红茶渣。市面上一般有 PC 网和布质的两种材质，价格在 15~40 元之间，质量好，耐用。不要买那种滤网，有时会有茶叶残渣漏过网眼。

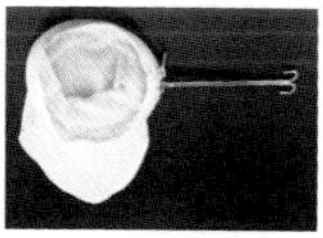

布滤茶袋

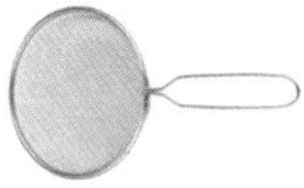

滤网

11．奶缸　花式咖啡必备，用于打发奶泡。拉花缸主要分为尖嘴和圆嘴两种。尖嘴拉花缸更容易控制流量，流出的线条细，在纹路线条上有着很好的表现力；圆嘴

短尖嘴奶缸

拉花缸出来的流量大，线条较粗，更容易拉出如心形这类对称的图案。

依照拉花缸嘴沟槽的形式，又分为长沟型和短沟型。沟槽越长汇集牛奶的作用越好，在画图形时较好控制；反之，沟槽短的在处理奶泡时效果较好。

长圆嘴奶缸

奶缸的市场价格差异大，几十元到几百元不等，差价在于尺寸大小、不锈钢的硬度和内壁的光滑度上。常用的规格有 350cc 和 600cc 二种，而嘴型的选购则要根据自己的需求、喜好和习惯而定。便宜的奶缸容易变形，影响奶泡的生成，适合初入门者使用。

12. 量杯（壶） 用于盛放、称量液体，材质为 PP 塑料，耐 100℃的高温，可以放开水。市场上的规格很多，常见的有 5000 毫升、2000 毫升、1000 毫升、250 毫升和 100 毫升几种。

多种规格的量壶两杯。

13. 奶油打发工具

① 奶油枪

使用非常方便，需要时将液体奶油倒入容器，按照要求安装好，用力将液体摇至凝固。缺点是比较费原料。奶油枪里的奶油快用完时就挤不出形状了，大约会浪费 150 毫升的奶油量，还需另购汽弹，适合奶油用量大、使用频繁的店铺。

奶油枪

② **电动打蛋器**（见上文 6）

以上是一些常用的小设备，配齐后，小店就可以正常制作产品了。如果想加一些其他产品，比如漏勺、砧板菜刀之类的，可以另行添加。

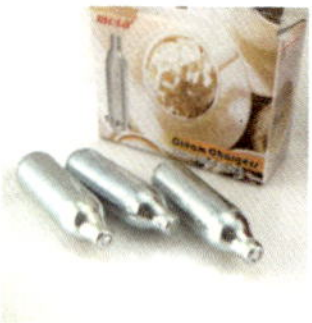

汽弹

14．气泡水枪　这是近几年迅速流行起来的一款夏季饮品设备，可令饮品拥有类似碳酸饮料的气泡感。选购一支高质量安全的气泡枪是非常必要的，价位约在 500 元左右，也需另配汽弹。

消暑激爽的气泡水饮品在夏季很受欢迎。

15．电子秤　网上的秤款式太多，让人眼花缭乱。其实，店铺的秤只需要能去皮，单位精确到 0.1 克，最大称重在 5 千克足矣。笔者用的是汇宝电子秤，推荐身边的朋友也是这款，只要几十元，质量真心不错。而所谓超薄超炫的，价格高不说，反倒容易坏，还容易脏。

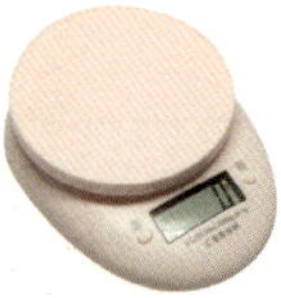

汇宝电子秤

如果想在店内卖一些简餐，还可以根据店铺食谱的需求另行添加，如松饼机、电扒炉、电炸炉、烤箱等，在这里，做一些简单的介绍吧！

1．松饼机　也叫“华夫饼机”，功能单一，就是为了做松饼。目前有家用松饼机，配方用得好的话，也挺好用，不过量太少，做起来很慢，还是推荐商用松饼机。

选购松饼机需要注意格子的大小和深度、方形和圆形，以及单头及多头可选，随着消费需求的增多，现在

汇利深格圆形单头松饼机，约 800 元。

艾拓818电扒炉，约320元。

也有四叶草形可选。还有一种可旋转的，个人认为属于鸡肋功能。价位在800元左右属正常，而汇利圆形单头华夫饼机售价300多元，也是很多店铺的常用机器，格子较浅，出品的松饼立体感稍弱，但价格确实让人心动。

2. 电扒炉 相对而言，电扒炉的功能就多了。我们在清晨街头吃的手抓饼，就是电扒炉（手抓饼机）做的，还可以煎肉类、面包等，正常价位在350元左右。

汇利HY-82双缸电炸炉，约300元。

3. 电炸炉 价格便宜，较为实用。可以炸薯条、鸡球、猪排、香肠等大多数炸制品。如果出品量不大，建议买一台小型炸炉便足够使用了，单缸价格约200元，双缸价格约300元，很多牌子都不错。还有，要记得及时换油，注意店内油烟的排放。

长帝电烤箱，约600元。

4. 烤箱 可选空间很大。如果只是偶尔使用，建议买一款30升的家用烤箱，足以应付一般的烤饼干和蛋糕，及其他烤制品的需求。市面上的品牌价格也是纷繁复杂。之前一位很火的“烘焙达人”君之推荐过“长帝ckf-25b”，但仍是有人觉得好，有人觉得不好。还是应该根据实际配方来决定，只要不超过1000元的烤箱，原理和效果是差不多的。

UNOX热循环烤箱，约12000元。

烤箱体积越大，散热相对越均匀，烤制的产品越稳定，但大体积的烤箱是非常占地的，一般商用烤箱的宽度都在 80 厘米以上。所以，不建议用太小的机器，否则会出现同一个配方烤制出的成品差异很大。除非是带热风循环的，这样的烤箱虽然节省空间，却很贵，至少也得 2000 元以上了。

第二节　从另一个维度看产品

一、原料的选择和采购

这是一个非常重要的环节。如果店面装修得好或推广得好，能为你带来很多新顾客，而店内产品的味道直接决定客源的稳定性。让顾客喜欢你，习惯你，就需要在口味和造型上多用心。

好的口味包括口感和味道，使用好原料是前提。好的产品没有捷径。试想，一款化学含量过多的原料，又能呈现出多少自然风味呢？而原料的合理搭配是店铺产品的核心，同样的鸡翅，为什么肯德基的烤翅就如此风靡？秘密就在于它的配方。

二、降低原料成本的秘密

你会不会认为降低原料成本就是去采购更便宜的原料？还是说，将每一杯饮品应该放的原料稍作减少？

采购便宜的原料很可能会相应增加食品安全的风险，而原料放得不够，饮品的味道会变淡，也体现不出产品的风味。

大多数刚开店的人最原始的想法，基本上是希望店内的产品越丰富越好，然后会毫无目的地在原材料市场中购入很多种口味的原料，回来做尝试。而实际上，选购的原料品类越多，越容易造成库存积压。产品线过于繁杂的话，会很大程度上拉低利润率，若不能快速售出，导致产品过期，就会影响店铺的资金链。

只要留心观察，你会发现一些大的连锁店，不管是奶茶店，还是甜品店，他们的产品都有一个主打口味。比如“满记甜品”，他们的产品都是以芒果为主题，然后多向延伸，推广的时候也会以芒果为重点，这样，更容易控制采购数量，且单一的原料数量越多，单价就越低，更加节省成本。而咖啡店主要以咖啡为主要产品，定位好自己店铺的主推产品，本身就是一个很有效的节约原料、降低成本的方法。

因此，好的店铺产品都应该遵循一个原则：原料少，搭配多。一款主题做精做透，再搭配其他相关产品，会起到很好的效果。原料的巧妙运用，可以搭配出无限可能。如果你的菜单密密麻麻都是产品，只会导致顾客选择困难，减缓下单速度。

同样的水、柠檬和爆爆蛋作为原料，同样大小的杯子，却可以设计出三款产品。

三、赚到更多钱的秘密

不可否认，弄虚作假是一定能在短期内赚到更多钱的。但如果想真正做好自己的产品，让自己的小店或品牌在市场上立于不败之地，改变中国食品行业现状，那就要从我做起，从选择真材实料做起。

同时，还要时刻关注消费趋势，适时进行产品更新，从顾客的喜好入的手，打造出新颖又受消费者喜爱的爆款，让店铺的生意长盛不衰。

在这里和大家分享几款简单实用的常见饮品、甜品和小吃。当然，目的只是在于教大家制作饮品的基本方法和步骤，以及部分搭配方法，产品实际上好不好喝，跟各种原料品牌的选择搭配有很大关系。

1. 奶茶

几乎每个奶茶店都有一款产品叫作“招牌奶茶”。奶茶的起源和发展就不多做阐述了，百度和知乎上都能搜索到很多相关内容。

奶茶看上去只是奶 + 红茶 + 糖，其实，并不是那么简单。奶、红茶和糖的原料与配比不同，能产生出千万种口感。很多人自己卖奶茶，却不懂奶茶，甚至不知道什么是港式，什么是台式；什么是丝袜奶茶，什么是鸳鸯奶茶。卖的时候，名字想当然地张冠李戴，以至于很多人越喝越不知道自己喝的是什么奶茶。

英式奶茶 以红茶和牛奶作为主要原料。17 世纪初期，广州官吏首创以加了牛奶的茶招待荷兰使节，这种特别的喝法在荷兰当地传开。之后，约克公爵夫人又将此引进英国，受到女性喜爱，风靡一时。到了 18 世纪，奶茶已经成为英国人主流的饮茶方式，是一切奶茶的起源。

港式奶茶 发展并流行于香港，茶味重，偏苦涩，口感爽滑，且香醇浓厚。制作一杯真正的港式奶茶是很复杂的，要经过撞茶（拉茶）的工序，以保证奶茶中保留茶叶的浓厚。较为出名的一家就是香港中环的“兰芳园”。

台式奶茶　源自于台湾，奶味相对较重，甜味也比较重，比起港奶更容易入口，做法也比之简单得多。一般奶茶店都会以台式奶茶为基础，成本也相对较低，口味也较能被大众所接受。

丝袜奶茶　顾名思义，就是像丝袜一样肉肉的颜色，以及滑滑的口感，是港奶的延伸。所以，产品的颜色和口感就显得尤为重要。

鸳鸯奶茶　依然是港奶的延伸，是在丝袜奶茶里加入 1/3，甚至一半量的咖啡，同时具备咖啡的醇香和奶茶的浓滑。

目前，奶茶作为快消品，更注重出品速度，所以会直接用奶茶粉冲调，虽然方便好喝，但是少了些许用心负责的态度，甚至影响健康。这也是奶茶为何在国内总会出现负面舆论的原因。

2. 咖啡

本书没有着重介绍咖啡的制作，是因为咖啡制作本身需要介绍的内容实在太多，每一部分都被单独编写过书籍，所以有兴趣的读者可以去市场上多买几本，或者多去别家的咖啡店看看。笔者也会在文后给大家介绍一些实用的书籍。

常见的主要有卡布基诺、拿铁、美式、摩卡和焦糖玛奇朵，均属意式咖啡，还有曼特宁、蓝山等以咖啡原产地命名的单品咖啡。

一杯真正好喝的咖啡是有严格出品标准的。咖啡的萃取量、萃取时间、奶泡的打发技术，以及融合方法都会影响咖啡的风味。如果仅作为奶茶店饮品，并非主打卖点的话，那么，对产品的区分就不是那么严格了。只是作为业内人士，必须掌握咖啡最基本的常识，至少在面对懂行的顾客时，不要让人觉得这家店不专业。所以，建议店主们通过一些培训班进行全面系统的学习。

卡布基诺 传统的卡布奇诺咖啡是 1/3 意式浓缩咖啡、1/3 蒸汽牛奶和 1/3 奶泡，入口绵密香醇，咖啡和奶味融为一体，非常好喝。而最上面细密的泡沫牛奶因空气的进入而无比轻盈雪白，非常适合拉花。所以，卡布基诺的表面一般都能看到各种造型的拉花，容量在 200~240 毫升之间。

一杯好的卡布基诺拥有厚厚的奶沫和细腻的口感。

拿铁 拿铁和卡布基诺很相似，但又有一定区别。“拿铁”是意大利文“Latte”的译音，即为牛奶。拿铁是 1/3 的意式浓缩和 2/3 的蒸汽牛奶（或沸腾牛奶），造型很普通，很多商家为了卖相好，会在拿铁表面也加上一层奶泡，再加上巧克力酱雕出漂亮的花，甚至拉花。这也是为什么很多人以为卡布基诺和拿铁是一样的原因。

与卡布基诺等量的拿铁即便有拉花，也能感到奶沫没那么丰富，且咖啡色更浅。

举一个实例。“咖啡陪你”的产品中有一款叫“特别拿铁”的系列，就是以牛奶为原料，不含一丁点儿咖啡，而在销售过程中，仍会有顾客产生疑问：为什么不含咖啡还能叫“拿铁”？可见，人们对这个词的本义是多么不了解！“咖啡陪你”出这个系列，意在给大家扫扫盲。但是，他们又推出了一款意式拿铁，标准杯也是2shot（1shot是指30毫升的意式浓缩），而卡布基诺的标准杯却只有1shot，这应该又是误解太深，投其所好吧！因为真的有太多人认为卡布基诺是牛奶多（其实只是奶沫多），而拿铁是咖啡多。

美式　这是最容易做的咖啡，就是在意式浓缩中加满水。由于一般的萃取时间相对较长，咖啡因含量较高，就很提神，还因为不含糖和奶，所以受到很多想要保持身材的美女的欢迎，很多韩国男士也喜欢来一杯冰美式。一般容量在350~500毫升之间。

“咖啡陪你”的美式咖啡

摩卡　摩卡本身是一种夹杂着巧克力香味的咖啡豆品类。摩卡还有一个意义来源于也门的一个地名，是当时全球最大的咖啡贸易中心。而市面上销售的摩卡咖啡，已成为巧克力咖啡的代名词，是用浓缩咖啡和巧克力酱调配的含巧克力味的咖啡。

“漫咖啡”的摩卡挺赞的。

一般做法是在一份萃取好的意式浓缩咖啡中加入约30毫升的巧克力酱，再倒入牛奶至八九分满，表面挤上奶油，再淋一些巧克力酱。这样的做法不仅好喝好看，而且不需要拉花，制作很简单。容量在360~480毫升之间。

焦糖玛奇朵　玛奇朵（Macchiato）在意大利文里是“印记”“烙印”的意思，加了焦糖的玛奇朵象征着甜蜜的印记。既然是印记，就要有印记的样子。做法也很简单，就是放少许焦糖酱在杯底，将含有丰富奶泡的蒸汽牛奶倒入杯中，最后倒入1/2shot的意式浓缩。咖啡因为密度大于奶沫而沉入杯中，在奶沫表面留下淡淡的咖啡印记。做的时候，只要记住和其他奶咖制作顺序相反，再淋上焦糖浆做装饰就好了。市场上对这款产品理解不一，也有在表面挤奶油淋焦糖的，容量在260~480毫升之间。

一杯香甜的焦糖玛奇朵。

*以上容量在奶茶店内都可以根据比例调配成500毫升标准杯

三、其他饮品

介绍完奶茶和咖啡，还有奶醇、鲜榨果汁、冰品等。有条件的店铺还可以顺便带一些酒饮等。

奶醇就是水果与奶的搭配，很多水果都可以搭，常见的有草莓、芒果等。如果用的是新鲜水果，不妨试试香蕉和木瓜等。另外，抹茶、茉莉、玫瑰等一些气味浓烈特别的原料都可以跟奶搭配。但像酸性较大的水果或果汁，都不建议混合，如柠檬、橙子等，它们中含有的果酸与奶中的蛋白质会起化学反应，混合后液体会呈絮状，影响卖相。

柠檬和牛奶混合的结果。

鲜榨果汁相对简单，如能将几种合适的水果放在一起榨汁，风味会更加独特。若是简单的榨汁，可以在水果里加少许果糖或蜂蜜，让水果的香气散发得更充分。

老式的配方都还在使用沙冰机加水制作果汁，现在已有一些店铺开始使用榨汁机了，可将果汁和果肉分离开，不加水，纯度也更高。用沙冰机榨汁可能会影响口感。

加过水的果汁在静置一段时间后会出现分层现象。

至于冰品，如果你没有太好的沙冰机，又想实现细腻柔绵的沙冰效果，可以加一些沙冰粉，一种含有果胶的粉。如果是差的沙冰粉，就不知道用的是什么胶了，而且使用过量会影响产品原本的味道，少了又起不了什么作用。

柠檬C柚多（500毫升）

在杯中加满冰块，将量杯中的混合液倒入杯中，加几片青柠搅匀出品。

韩国比亚乐柚子茶2标准勺，太湖美林特级柠檬汁10毫升，果糖5毫升，倒入量杯中，加100毫升开水搅匀。

特点：柚子茶的甜味覆盖了柠檬汁强烈的酸味，而柠檬汁的酸味又遮蔽了柚子本身微苦的味道，加5克糖可提升整个果汁的厚味，非常好喝，看着也很有内容。

如果是做热饮，可以不加果糖。“盾皇”的果糖有蜂蜜的香味，但价格稍高，而且“盾皇”果糖放在果糖机内使用容易滴糖。若考虑到性价比，可以选用黑森林。

四、新式茶饮

这是近几年逐渐发展起来的一种新颖茶饮类型，以中国传统原叶茶为基础配方，搭配鲜牛奶、芝士、鲜果等，不仅味道好，种类也多，原叶茶又能彰显出品位和健康的概念，因而在消费群体中迅速传播开来。目前，主要代表品牌有“喜茶”“一点点”等。

五、甜品

甜品搭配起来也是五花八门。

1. 介绍几款最常见的甜品

杨枝甘露 根据碗的大小倒入冲好的基础奶和适量果糖，轻轻搅匀，将煮好的西米舀入碗中，淋入45克阿方索芒果泥，在上面码放好芒果肉和柚子肉。

健康美味的杨枝甘露是港式甜品中的经典。

椰汁西米露既可以作为饮品，也可以作为甜品。

芋圆冰 芋圆本身的制作比较麻烦，需要用到红薯、紫薯、芋头等食材，但现在市面上已有半成品销售了。买回来的芋圆是生的，需要自己煮熟。辅料可自行放入适量的珍珠、西米、红豆、椰果等，倒入冲好的基础奶（或冬瓜茶），适量，最上面摆上芋圆就可以了。

＊ 以上基础奶的做法：300 毫升纯牛奶，60 毫升金钻奶油，打至蓬松液态备用。

淘宝店“幸福微甜家”的芋圆口感很不错。

上海“粉豆趣”的芋圆和芋泥味道很赞，卖相也好。

粉粿　台湾的一款传统小吃。其实是从内陆沿海地区传过去的，在台湾地区发扬光大。粉粿口感软滑微Q，制作起来比芋圆简单方便，但要做得好吃，也需要用心琢磨。目前，内地市场上卖粉粿半成品的还是很多的，相信很快会在大江南北被人们知晓并喜爱。

外形方正朴实的原味和黑糖粉粿。

2. 珍珠、西米、芋圆怎样煮好吃

市面上的珍珠、西米和芋圆的品牌数不胜数，鱼龙混杂。采购时，务必睁大眼睛，选择正规厂家的产品。

①珍珠

将水烧开后，倒入珍珠，用搅拌棒迅速搅开，以免黏连。改小火（电磁炉1~2档），盖子盖上，留大约食指宽的缝。15分钟后，搅拌均匀，盖严盖子，关火。焖8分钟后，用冷水洗至没有黏度，才能保存得更久。

其实时间不是必须严格遵守的，珍珠煮的时间越久越软。如果你的顾客都喜欢QQ的口感，可以缩短煮的时间，稍微延长焖的时间。

冬天焖的时间比夏天要长一些，因为冬天水凉得快。如果无法确定珍珠有没有焖好，可以到时间后舀一个起来看看中间没有泛白的点点就好了！切记，不要频繁掀盖。煮好的珍珠不容易保存，要尽快食用。

②西米

泰国鳄鱼西米是品质相对稳定的一款，包装简单，口感不错。市面上有绿西米、白西米和黄西米，煮法一样，只是煮完之后颜色稍有不同，一般选用绿西米的较多。

西米比珍珠稍微难煮一些，不注意时间容易糊。

将水烧开后，倒入西米（西米与水的比例是 1:8），用搅拌棒迅速搅开，以免黏连；改小火（电磁炉 1~2 档），盖上盖子，留大约食指宽的缝；煮 8 分钟左右就要关火；将西米搅匀后，倒掉西米水，加凉水将西米洗至不那么黏稠（特别是盆底要洗至不黏，否则非常容易糊）；洗完倒掉水，再加等量水，开中火（电磁炉 3~4 档），将西米煮开后，关火焖；大约焖 6 分钟的样子，开盖后若西米中间没有白点，就说明煮好了。这时，再用凉水洗至没有黏度。

③芋圆

将水烧开后放入芋圆（芋圆和水的比例是 1:8），改中火（800~1000 火力）煮至浮起，加 100 毫升左右凉水，再煮至浮起就行了。这样可以保证最中间部分也熟了。

如果想芋圆 Q 一些，一定要在煮完后立刻捞起放入冰水中约 30 秒，现吃现做。

煮好的珍珠、芋圆和粉粿，是不是很诱人？

④粉粿

半成品的煮法和芋圆基本一致，只是时间久一些，控制在 5~7 分钟之间。

五、小吃点心

现在很多小吃都可以直接买半成品，这对于开店的朋友来说也是非常方便的。如果条件允许，还是建议自己购买原料一步步制作，这样也更加安全卫生。

韩国餐品的摆盘是不是比国内的帅多了？

可直接购买到的半成品有：奥尔良烤翅、冷冻里脊肉、培根片、手抓饼、吐司条、意大利面和三明治等。可以自己选择搭配，丰富小店产品的品类。还可以做一些好吃的点心、蛋糕放在店内。这个稍微要复杂一些，如果做得好吃又好看，也会更有竞争优势。国内在餐品的摆盘出品上普遍不够细致，若能稍微在上面下点功夫，个人觉得也会给整个店铺增色不少！

同样的原料和配方，不同的装杯摆盘方法也会影响产品的档次和价格。同样的重量或容积，不同的装杯方法也会体现出产品的量。同等的价格，顾客当然都喜欢好看，量又足的产品了。

一样的原料和配比，成品造型和摆盘不同，给人的感受也不同。

第三节　保护配方有多重要

很多人在开店之前就会担心自己好不容易研发出了好喝的新品，一下子就被店员给剽窃了去，那该多不值啊！

这是饮品行业常出现的问题之一。

那么，是不是研发出来的产品都要像可口可乐那样，做好绝密的配方保护工作？

实际上，在茶饮产品方面，配方保护并非我们想象中那么重要。你研发出来的产品也并不像想象中那么重要。

我们不能站在自己的角度去和可口可乐比，我们的制作水平也和可口可乐没法比。可口可乐被发明出来的时代，除一些酒类产品外，几乎没什么饮料，加之其味道确实独特经典，是千万款饮料中最经久不衰的一种。它的走红并非仅因味道，而是一枝独秀般历经了时间的积淀，引领着整个饮品市场的潮流，一直深入人心。

再回头想想我们的产品。如果真的进行配方保护，那么，投入的成本将是巨大的，而你的产品真能做到让人喝完就欲罢不能吗？如果能，做一次尝试也未尝不可；而很多去做配方保护的商家，基本上是在食品代加工时才会签署相关协议，因为涉及的产量非常大。

就配方保护而言，只要数据有所不同，就不会构成侵权。比方说，对方做一杯和你一样的奶茶，只是比你多放了几克糖，少放了几克茶，就算不上是侵权。想要真正实现配方保护，还是有一定难度的。

如果无法将一款产品做到口味独特、配方特别，建议把保护产品配方的精力放在新品研发上，可能更加实际。毕竟饮品，特别是奶茶类产品更新换代的速度相当惊人，消费者们太容易喜新厌旧了。让自己产品的美味度、新颖度一直保持在同行之上，就能带给你足够可观的回报了。

第六章

装修

选完店址，紧接着进入的就是店铺设计和装修的环节。

记得曾流传过一句比较经典的话：“人生成功的关键不是手里抓到了一副好牌，而是将手里的一副烂牌打成好牌。”此言用在装修上也恰如其分。店铺的装修不在于你花了多少钱，而在于用更少的钱获得最佳的效果。如果装修设计得不合理，哪怕钱花得再多，也会给你将来的操作带来极大的不便。如果你不希望将来每天都在费时费力、低效率的环境下工作，请认真阅读这一部分内容。如果你是加盟，这些事情将由总部为你完成。

第一节 给自己的店铺风格定好位

店铺装修所牵涉的范围非常广，是一个重要且复杂的环节，不仅牵涉店铺的风格和美感，还需要考虑到操作的实用性。至少要做到让顾客在点餐、就餐和出入店铺的过程中，感觉到流畅有序，没有拥挤之感。而这方面经验分享的图书却少之又少，让人无从着手。

谨献给那些想开咖啡馆的人儿

很久之前，我就想写一些关于咖啡馆设计的文章。当然，在此之前，我并没有开咖啡馆的念头。我一直好奇自己为什么没写，忙不是理由，没兴致吗——好像也不是。最后我才明白，虽然自己已经亲手设计了三十多家咖啡馆，但依然没有底气用设计去保障甲方的投资权益。这本身就是一个软肋，我无法用所谓艺术的语言给大家上课，告诉大家一家咖啡馆的设计有多么重要，因为必须有另外一堂课去配合才行，这堂课叫“咖啡馆策划”。但显而易见，我不具备讲这堂课的能力。我得承认，我以后也不会去写关于咖啡馆设计的文章，但由于我要开咖啡馆，所以打算把开店的流程一步步写出来，或许，这更实际，更真实。希望大家能从中明白咖啡馆设计的重要性，及咖啡馆策划的核心引导力。更关键的是，大家最终要明白，设计与策划是紧密贴合的，策划是思维，设计是思维的表现力……现介绍一下策划中的“VCOM CAFE”，我负责设计部分，而策划及运营是由佛山“啡常道咖啡”的李先生负责。

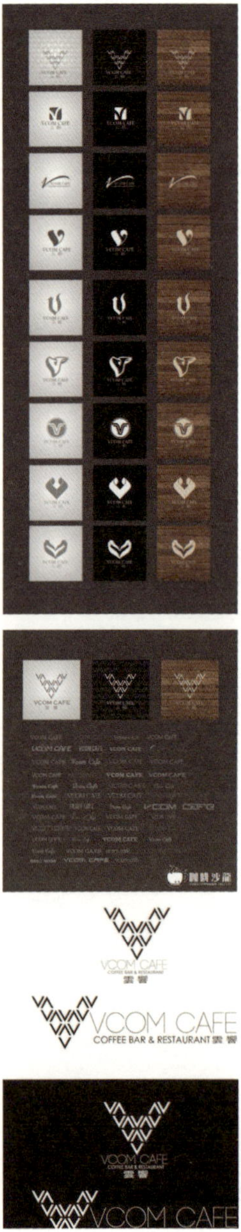

“VCOM CAFE”商标设计

在铺面还未确定时，我已经在设计VCOM CAFE的商标了。商标是一个很虚的东西，很简单，简单得让人看不到价值，至少很多人不觉得商标是有价值的。这里不做讨论，我想说的是，在设计上，商标与咖啡馆的空间设计本身就有一定联系，主要体现在两点上：其一，商标的风格必须与空间设计风格相吻合；其二，商标不只是商标，作为VI系统的一个图形的延伸，商标会出现在咖啡馆中的很多地方，甚至能成为空间设计中的一个设计元素，成为空间设计的一道风景。对我来说，设计一个商标其实比设计一个咖啡馆空间更有难度，越简单的东西越是众口难调。设计一个商标，需要经过几个重要的流程：

第一步，在既定的要求下，出很多方案。如“VCOM CAFE”，我们决定用“V”去构成商标的主体，所有方案都是各种各样的V形图案。

第二步，确定了设计方案，就要对细节进行调整，对中英文进行规范，必须有大量的字体与图形进行类比筛选，最终挑选出最协调的组合。

最终确定方案递交商标局。

“VCOM CAFE”空间的毛坯状态

这个铺位我十分喜欢，净高近7米，地面还可以下挖350~500毫米。整体方正，中间没有一根柱子。至少在我看过的那么多客户的铺位中，这个铺位是十分理想的了。

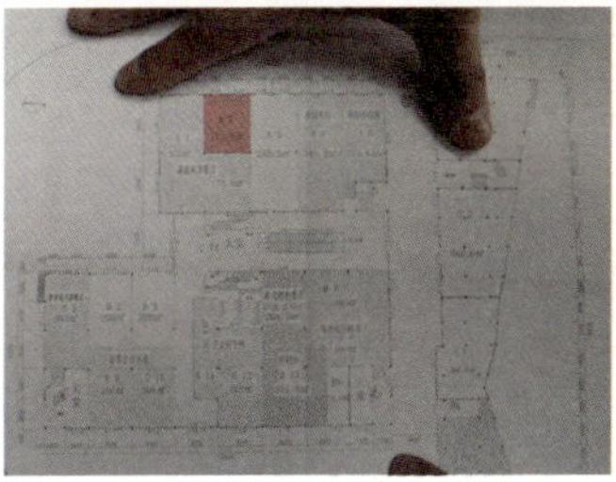

空间设计之架构、布局与动线

先搁置风格问题。目前看，设计风格并不是最重要的，无论什么风格，空间内部的格局与动线都是不受其影响的。而格局与动线的合理性与咖啡馆策划案的关联性要在该阶段处理好。用“一招错，满盘皆输”这句话形容空间设计的这个阶段并不为过。原因有二。第一，布局与动线此刻已经与策划挂钩，策划人此刻必须提交此店的出品策划，并通过出品方案决定厨房，吧台，电器设备的型号、体积等参数。设计则按照这些参数尽量做到“能容下，不浪费，兼拓展”。吧台、厨房内的动线宽度往往也会根据出品方案及设备的位置调整宽窄，从600~800毫米不等。有时，有啡友问我他的吧台内通道留多宽，这其实不好回答。因为我手头没有他们的策划案，不知道他们的硬件安排，也只能告之600~800毫米。第二，布局动线确定了硬装的基础。这个好理解，无非就是软隔断与硬隔断，做到有一定私密性而又不浪费空间。而这两点往往是不可逆转的，等你装修好了，已成定局。

建立整体框架。

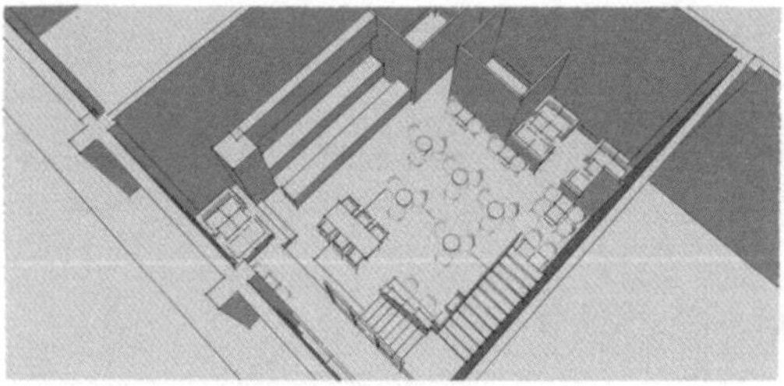

根据策划，制定合理布局与动线。

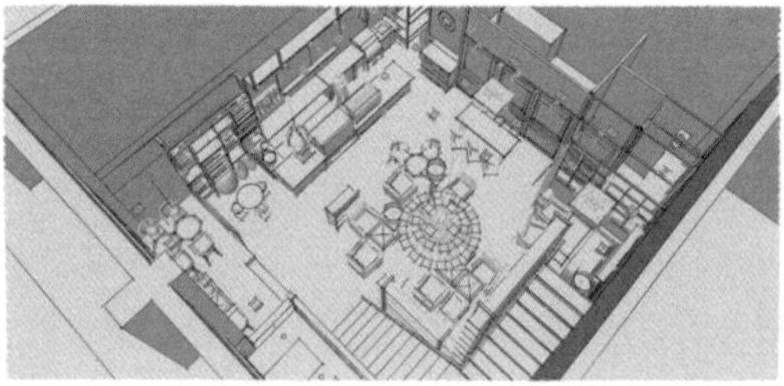

制定隔层的面积与天井的大小。

我想说说天井。咖啡馆一般做二层都会预留天井，但到底留多大，应遵循两点：一个是根据二楼布局及动线的合理性；二是对一楼的使用不造成负面影响。当然，对我来说还有三，叫“风水”，这个不解释。无论如何，如果你实在不确定自己的天井是否好看时，就请设计师在三维效果图的门口设立1700高度的视角进行虚拟，你觉得舒服就好。

大概制定一下门面的形式。其实，这个目前来说不重要。

构划二楼的格局与动线，这个很重要。虽然二楼是独立存在的，但因楼梯与一楼的空间有关联性，如何做到楼梯不影响一楼的动线及美观性，是一个值得琢磨的问题。

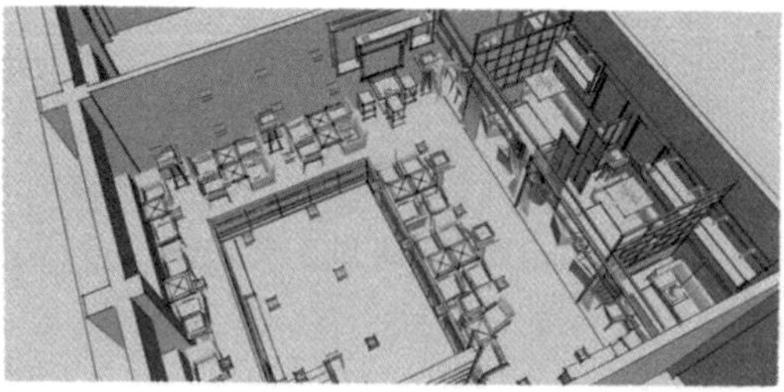

确定了动线，可以对格局进行细化，因为二楼往往有包厢。从布局先后来说，我会以包厢为先，然后根据余下的面积进行散座的安排。

包厢形式的细分。包厢是封闭式的，还是半开放式，这个当然还是与策划有着密不可分的关系。老提策划，策划是否觉得很虚啊？简单说吧，你的咖啡馆到底是coffee shop，cafe & bar，还是coffee & restaurant？这就是最模糊的咖啡馆策划。你要做什么？做什么盈利？等开店后再想的话，你已经输了！

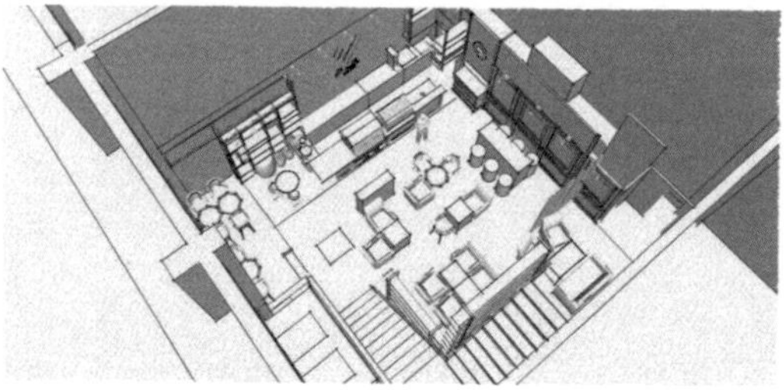

空间布局锁定

空间设计最耗费时间的工作基本上完成了，前面的工作往往要与策划人员有密集的沟通，以达到设计服务于策划的目的。任何调整必须在此期间做好，之后，就不会有太大的修改了。

黑白草图如下：

咖啡馆风格

决定咖啡馆风格的因素主要有两个：你有什么样的铺位和有多少钱。经常有想开店的朋友问我，多少平方的店面需要多少的装修成本，我只能说不知道。面积不是决定装修成本的唯一指标，风格往往决定了装修成本。比如你喜欢比较怀旧的古典风格，装修成本可能极高；如果你用LOFT风格，那么，你连毛坯的墙面都可以不用处理，装修成本当然可以大打折扣。但用什么风格毕竟与铺位的形式有直接关联，旧宅改造的铺面采用LOFT风格？不好意思，那会很难看，只能让人联想到20世纪70年代的公共厕所。这样的铺面前几年会用盛行的田园风格，如今审美观念改变，更倾向于清新的新古典风格。

如果你的铺位临街，并有个100平方米以上，而你又有足够的资金，可选择的设计风格就很多了。至于如何选择适合的风格，我认为关乎两点：甲方的个人审美喜好，以及策划所决定的功能及氛围需要。

① 甲方的个人审美喜好

我想，如今开咖啡馆的人都会有一个咖啡梦，梦是主观的。一个咖啡馆的设计风格既要让甲方喜欢，又要令消费者认可，后者是关键。如果消费者不买你的账，你的梦也就是个噩梦了。所以甲方判断设计风格的时候，不要太偏激，世间任何东西都是俗物，把喜欢的东西做成精致的点缀更实际。世人都是普通人，你的店打造成天堂，也是普通人在享受，所以不要太主观，一定要听取设计方及策划方的意见，设计及风格往往不是设计方工作的全部。我觉得只有在甲方与设计方最大限度地沟通讨论与妥协下，才会有好的效果。

② 策划所决定的功能及氛围需要

我一直在强调策划的重要性，因为策划贯穿了整个开店流程。想，操作，磨合，调整，实现。这都是开店所必需的。但很多人则是拆分开的，开店了才回头去想这些问题，更有甚者是经营不善了才想到这个。那些大叫“咖啡馆难经营”的人往往就是这么过来的。他们从来不深思自己在开店前做了什么，做了多少，做得是否足够，是否有底气，他们只会事后埋怨。

功能性与氛围，其实是理性与感性的融合。所谓功能性，就是铺位所在的商圈，策划上决定经营是打快节奏还是慢节奏。比如“星巴克”此类的是打快节奏的，慢节奏的往往带有更多的品类，甚至是简餐。光是这个就已经决定了大致的设计风格与格局。我想，不少人还是会在这里纠结，既想要快钱，也想有一个梦一般的咖啡馆。梦里的咖啡馆单人沙发奢华舒适，客人坐着1.2米净宽的单人沙发耗了一个下午，买了杯咖啡就睡着了。你的梦碎了。

风格不会过时，也是一个值得思考的问题。设计是主观的，但不是你一个人的。我就曾试过在顺德大良参与一个项目，然后有人说我抄袭他店的风格。我觉得此人一定是某个联合王国的君主，那

么霸气。更有的店，你一掏出个相机，他就恨不得一个压粉锤从吧台以 35° 角砸过来……一个店的设计并非核心竞争力，策划与团队的体现才是最大的竞争力。

“VCOM”的风格其实是 LOFT 与新古典的融合，想体现出一种粗中带细的感觉。现在出一份彩色草图给大家看看，效果图还未渲染，估计过两天就可以放上来了。

供施工图的效果图

为什么说是供施工图用的效果图？是时间上的需要。严格来说，此时的效果图只会达到实现的七成效果。

大家是否觉得这个效果图里虽然有细节，但感觉很空洞，或者说不出哪里有问题。那是因为太多的软装细节。这么做无非是两个原因：其一是让施工图制作人员能更清晰地看到硬装的结构与细节，若有过多的软装，则会遮挡细节；其二是缩短设计周期。甲方往往急着需要施工图给施工方报价，以缩短施工周期，所以软装的细节，我们往往会以参考图片或淘宝样板的形式供甲方选择。

效果图：我们一般以夜间环境为主，因为咖啡馆比较重视晚间的灯光效果。

咖啡馆设计的 DIY

很多开店的人曾经很纠结于这个问题吧？自己的店是否需要设计？找什么人设计？能否自己来？先说说早些年的状况。几年前，小型咖啡馆遍地开花，很多是住改商的小型店，普遍使用的是田园式风格。我觉得这样的风格最适合 DIY 了。硬装上无须讲究，只要定一个调调，然后就是软装的堆砌，甚至连软装都没有太大约束，只要有点怀旧风格的装饰都能往里面塞。这就是很多人口中所谓的“家”的感觉。其实，就是环境让人感觉自然，没有什么约束。但这两年的咖啡馆市场明显进入一个调整期，田园风格有点不灵了，大品牌的咖啡馆和定位更清晰的小馆不断涌现。这些店在策划上细分了市场，再通过设计体现出定位上的准确性。简单地说，就是咖啡馆趋于专业化了。

那么，咖啡馆的设计能否 DIY 呢？我觉得要看具体情况。适合 DIY 的店要满足以下几种情况：其一是没有经营压力，你的铺位是自己的，或者铺租十分低廉，你不准备雇佣太多人员，而是自己上阵。其二是店的面积不能大，如果面积在 50 平方米左右，可以尝试 DIY。办法很简单，你只需要上网找到合适的参考，然后把参考方案交给有一定资历的施工团队，基本上可以复制出不错的效果。但面积大了，这招往往就不管用了。小面积的店经营模式相对单一不复杂，从设计上说，找到几个参考的图片，就能解决视觉上的问题。但大面积的店往往出品较多，需要比较准确的策划定位，任何参考都无法从策划与设计上给你一个妥当全面的参考。而且 DIY 对店主的审美有一定要求，建议把找好的参考方案多给一些朋友看看，问问他们的意见。

我这几年设计了近 40 家咖啡馆，市场在成长，我也在不断调整自己的想法，也很清晰地感受到咖啡馆主思想的变化。前几年的客户有强烈的主观意识，不过是没有底气才找我设计。在设计上，我必须为客户妥协很多。但这两年，客户对于幻变的市场表现出更多的谨慎，对专业化的信任倍增，我的工作反而好做了，而且我设计的概念更易令客户接受。也许，对于顾客来说，最难接受的无非就是设计的价格了。

但我还是要奉劝一下那些想开咖啡馆的朋友，设计是很虚的，但并非不重要。咖啡馆无非是一门生意，想赚钱就必须全面考虑经营问题，不能以偏概全，什么专业为王，什么酒香不怕巷子深，这些都不好使。

咖啡馆设计 DIY 流程：

1.确定自己的经营模式及出品，根据店铺的位置锁定消费群体。

2.自己量空间的尺寸，条件允许，可以按比例画出平面图。自己多打印几份，并根据策划定位把吧台、厨房、客座区在平面图上标示出来。要注意动线的问题，设计不是盲目地堆砌，你得考虑工作区的便利性和客户消费的舒适性及私密性。

3.上网找些咖啡馆的参考图片。我觉得最好找之前就能锁定自己心仪的风格，目前无非就是田园、新古典、LOFT、地中海及欧式古典等几种主流风格。着重提醒一句，既然要 DIY，就一定要锁定风格，前期的风格模糊，只能让你在软装上更加混乱，到最后，DIY 出来的未必是咖啡馆，可能是兰州拉面馆。

4.以 LOFT 风格为例。在网上把 LOFT 风格的图片收集好，进行筛选。此时，你梦中的咖啡馆与参考方案融合，基本上就有一定的感觉了。但不要太主观，不妨多给些朋友看看，特别要多给女人看，她们的审美和心思更为细腻。

5. 如果你已经锁定参考方案，就可以找一个有一定资质的施工队了。最好是可以充分信任的施工队，很多人不愿意给设计费，但最终施工队会以你没有效果图及施工图为由，自作主张地帮你把成本拉高，这也是为什么有很多装修公司愿意帮你免费设计的原因所在。

6. 如果你足够幸运的话，你的妹妹或妹夫就是开装修公司的，那么，你的工作就是每天监督了。参考方案的作用就在这里，参考方案越多、越细，对于没有施工图这回事来说，会大有帮助，最好细到一个窗户的款式。

7. 硬装完成了，剩下的就要靠自己了。软装对于目前的咖啡馆来说十分重要，就设计趋势来说，也是重软装、轻硬装的。灯具、装饰品等都可以上网买，灯具、家具、装饰品要与硬装的风格吻合。比如你的风格是 LOFT，你在网上搜索“LOFT 灯具”就 OK 啦！

DIY 的流程大致就是这样，你会感觉比较累，胆大心细，脸皮要厚，对施工队要软硬兼施，早上臭骂他们一顿，晚上一定要请他们吃饭，喝点小酒把他们哄开心，只有这样，明早才可以安心地继续骂。既然你选择 DIY，你就是施工监理，所以脸皮要厚，否则到最后结算时，你的钱包绝对要比你的眼皮还薄。

交由设计公司操作的流程：

1. 寻找设计公司之前，你必须要有自己的主观意识，要开怎么样的店、策划案由谁负责、店的风格是怎样的，等等。策划案你可以找策划公司出，想省钱的话，找市场上游离状态的策划人员或者资深的咖啡师也可以。锁定店铺风格后，你要多出去走走，感受一下咖啡馆市场的主流。如果你脑子好使，不妨想想主流的风格有什么不足之处，你来作补充。参考图片是必须要有的，这是增强自我意识的方法。花多点时间上网找参考图片，对你以后很有帮助。

2. 策划案定好了，风格设计参考有了，要佐证风格设计是服务于策划案的，不要颠倒两者的关系。因为，你要找一个设计公司。公司很多，但设计行业内部也是有清晰划分的，会细分为家装、工装、餐饮、展览等，隔行如隔山。餐饮设计公司有可能分为倾向于中式餐饮或西式餐饮的。这个可以通过设计公司的案例进行剖析与判断。

设计公司的两种收费形式：

1. 按方收费。面积越大单方的设计费用越低，面积小的店可能会很贵。

2. 包施工，免收设计费用。这是一种貌似划算的方式，但羊毛出在羊身上，设计公司有可能以低廉的设计费转交给外面的设计师设计，你可能会在设计过程中浪费大量时间。而设计费的成本会打入施工费用中，以模糊的概念收取。

3. 如果你已经选定设计公司，并确定了合作方式，你的参考图片就派上用场了。当然，我更建议你把风格告诉设计公司，让他们帮你找参考图，然后，你可以把他们及自己找的参考信息进行汇总，进一步确定风格的细节。这一步工作很重要，设计师会根据你选定的风格进行细部设计。这一步过了，所有东西都锁定了。

4. 效果图是最直观的表现方式。此时，你要仔细看，把效果图多给朋友看看，让他们多提一些意见。这些意见虽不是颠覆原来的设计，但美的东西往往表现在细节上。

5. 如果确认了效果图，就要有施工图了。甲方往往不看施工图，特别是那些设计施工全包的装修公司，他们出的施工图一般很粗糙，没有标注用料。对于他们来说，施工图越糙，施工报价越能模棱两可，因为你无法从施工图上估算出施工的成本。我建议大家可以多看看施工图，有条件的，把图纸拿给行内的朋友看看，一定要设计公司把细节标注清楚。如此，才可以让施工报价更透明。

6. 施工阶段，最好还是定期监督一下施工进程，很多设计公司是把业务外包给施工队的，但又不提供施工监理，施工队往往爱怎么弄就怎么弄，如果你心大，也不把把关，最后不收货都不行。如果有施工监理的话，则相对省心。

好了，流程大概就是如此。我觉得无论如何也要细心，世上最在意馆子装修的还是作为老板的你自己。

上面这篇文章出自于一名资深咖啡馆设计师之手，通过具体案例解答了很多人在设计店铺过程中存在的各种问题，非常值得一读。

对于一个打算好好经营、长期经营店铺的朋友，可以在看完这篇文章之后，认真思考一下自己的店铺到底该如何开始着手装修。

1. 我要装修的店铺是什么档次

定位之前，需要根据自己的资金来确定店铺是走平民风，还是奢华风，因为你还要将一部分资金用于购入设备和原料。特别提醒部分花钱不过脑子的女生们，一定要分清用钱的主次，如果本末倒置地花很多钱装了一间漂亮的店，可能到最后连买设备的钱都不够了。

华丽复古工业风的“云巢”咖啡店。

如教科书一般标准专业的奶茶店装修风格。

简约又不失人气的小店“汤姆披萨”。

将原料和设备的费用预算好后，剩下的钱才能考虑装修。如果你已不剩太多钱，那么，“巧妇难为无米之炊”就是你遇到的第一个难题！

难道没有钱就不能装一间漂亮的店铺了吗？

其实，装修费用很大一部分都是因为经验不足而浪费的，所以，适时了解一下容易返工之处和一些装修小技巧，可以在一定程度上帮你省下不必要的开支，同时加快装修进度。

2. 设想在实现过程中是否存在难度

不管你的设想能不能实现，要记住，这不是装修自己的家。装店铺要考虑的是在功能全方位实现的前提下的漂亮。比如说在整体构思中，你打算在一个角落放一个很怀旧的书架，但如果那个地方必须放制冰机，你就必须优先考虑制冰机的位置，这就是传说中的理想输给现实。

当然，由于每间店铺的格局不同，在实操过程中，可根据实际情况进行一些调整，尽量做到既保证实用性，又兼顾自己的设想。而这种格局的合理利用，便是装修设计中的大难点。一位经验丰富的设计师能将一间 40 平方米的屋子设计得像 60 平方米；而一位不成熟的设计师却能将一间 100 平方米的屋子设计得像 60 平方米。

3. 有哪些具体的难度

① 操作间和吧台的位置　操作间和吧台的大小决定了销售产品的种类。一个完美的吧台空间需要具备三点：

第一，装修前首先考虑好吧台的位置和面积，再考虑其他客座区等其他区域，让店铺整体风格围绕吧台展开。吧台是靠入口，还是靠里面，可以根据自己的喜好决定。

“ME 咖啡”的吧台位于大门入口处。

“Soloist 咖啡”的悬吊式吧台位于店铺中后方。

第二，吧台内的操作空间要保证能够容纳 1～2 人比较轻松地侧肩通过（约 70 厘米），并且操作间所摆放设备的位置是完全符合操作动线的。如果空间太狭小，或操作动线安排不合理，都会影响工作效率和员工的工作舒适度。

第三，内部的陈列空间要能保证放下所有备用原料及吸管、纸巾等辅材，这样方便物品的及时补缺，不影响出餐速度。

② 操作台的设计 操作台的设计是装修中最具专业性的问题之一。如果你和你身边的人完全不懂，还是建议去找专业设计操作台的工厂，根据你的尺寸和需求专门定制一个完整的操作台。操作台都是不锈钢材质的，分为五大块：放设备的位置、放原料的位置、放奶茶制作用具的位置，以及收银出餐区。如果你的杯子不是装嵌入式的，那么，还需要考虑杯架的位置。如上海“圣唐国际”，他们家设计制作的操作台都很合理，外观也很炫！

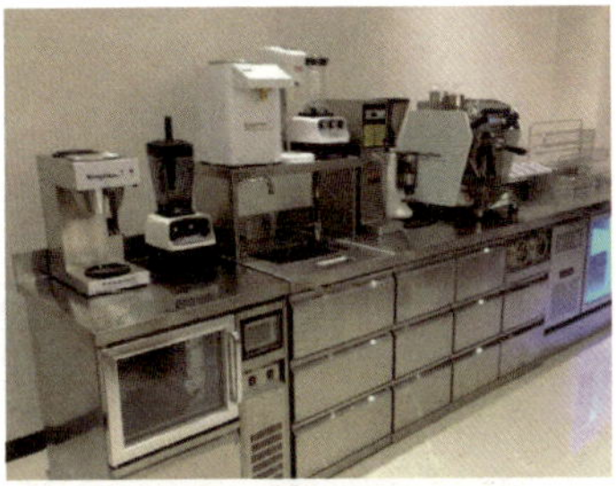

客户在“圣唐国际”订制的操作台。

还觉得有些云里雾里？不要着急，我们后面还会详细讲到关于吧台设计的问题，届时就能很容易明白了。

③ 洗手间的位置和占地 除非是外带式奶茶站，不需要为顾客提供洗手间，如今，再小的店铺也得有个洗手间，哪怕它只能容得下一个蹲位。可能你在一些地方消费时经历过一些不好的如厕体验，进入卫生间要踮起脚尖，屏住呼吸，整个过程都很影响就餐心情。可能很多人觉得卫生间是附带空间，不需要太用心思。其实反过来思考，正因为洗手间的占地面积小，再怎么精心装修也不会花费太多钱，为什么不把那里弄得干净漂亮些，为店铺增加一个亮点呢？

一般情况下，一层楼的店铺设一个蹲位即可；两层楼的可以在其中一层设计安排一个 2～3 个蹲位的洗手间，并不会太占用空间。洗手间的装修关键词就是舒适明亮、私密性强。接下来，就是在营业过程中做到保持环境卫生了。

舒适明亮的办法有很多种。用大瓦数的灯就可以，甚至可以用造型玲珑的灯饰。而为了保持整个空间的干燥、清洁和舒适，只要在地板贴上瓷砖、墙面贴上瓷砖或马赛克就可以了。在天花板角落还可以安装一个自动喷香机。细节上可以配备卫生纸、洗手液、擦手纸（烘手机）等。

“六月花园”咖啡店的卫生间狭小紧凑，却不失创意奢华

细节上的处理，也让顾客下意识感受到店主的用心。

“粉豆趣”甜品店的洗手台上充满了鲜花的气息。

自动喷香机

“咖啡陪你”的一层无烟区和二层吸烟区。

④ 客座区的安排 在面积允许的前提下，单个座位面积越大越好。这里的座位面积并不是指桌椅的面积，还包括伸腿、拉动座椅等活动面积。如果面积足够大，建议进行一些功能分区，如吸烟区、活动区等。

⑤ 装修的费用 不论是去逛建材城，还是在网店淘各种货，市场里繁杂又陌生的规格和型号会让你头昏脑涨，有时明明货比三家了，还是免不了掏了更多的钱，让你最终只想尽快草草了结这个麻烦的环节！而这确实又是最容易做到省钱的环节。有些硬件产品哪怕贵一些，都要在当地买，而有些产品完全可以网淘，不但价格便宜，而且在当地市场还不一定找得到！如果能做到合理地线上线下搭配购入，你甚至能在省下更多不必要费用的同时，还能淘到为店铺提升档次非常有用的宝贝。大批量软装物品采购推荐去义乌小商品城，物美价廉，且只有想不到的，没有买不到的。条件允许的话，可以去日本、韩国等邻近国家淘一些与店铺风格相搭的小物件，毕竟邻

国产品在美观度和质量上都有优势，会让店铺增色不少！

而有一些简单的工作完全可以和朋友一起 DIY，既有意义，又能省下一笔费用！

自己动手，编织回忆。

第二节　吧台问题一一解决

一、确定自己操作间的分类

开放式　是指顾客进入店铺后，只要对方愿意站在吧台外观看，就能清楚地看到你制作产品和使用设备的全过程。这种店铺的装修价格相对便宜省事，但对卫生和细节要求很高，如能做到细节处理到位，保持卫生，会让顾客对你的产品非常放心和依赖。但是不隐秘的环境会让有心的同行很容易了解到你的产品配方和制作流程，这类一般用于外带式奶茶店。

“豆叔咖啡”的开放式吧台。

半开放式 是指顾客进入店铺后，只能看到制作饮品的过程，却并不了解更多细节。这种装修方式，既让顾客看到想让他们了解的，又能保证自己的产品具有一定神秘感。比如“coco”“卡旺卡”等。

封闭式 是指顾客进入店铺，点单后直接等待出品，无法看到你的任何操作细节，所有步骤都是在一个封闭的空间内完成的。一般休闲式奶茶店会选择这样的方式，因为让顾客站在你面前等待是一个很无聊的过程，若没有座位让他们歇脚，他们可能会因不耐烦而对店铺产生负面印象。而且这样能很好地保持饮品制作的神秘感，更适合做一些花式饮品。建议咖啡店使用。

但封闭式操作存在一个很重要的问题，就是店内至少要有两个店员同时在岗，收银和制作的工作是完全独立的，这在一定程度上会增加你的人员成本。甜品店一般会使用这类吧台。

所以，在做操作间的选择时，务必先想好到底打算开什么类型的店铺。

“芋颜甜品”的吧台只点单和出餐。

二、确定吧台的大小和朝向

你的吧台够用吗？一个吧台需要放哪些东西呢？

1．吧台台面必须放一台收银机约 60×40 厘米、放吸管的三个容器约（15×15）厘米 ×3 个（粗吸管、细吸管、勺子）、放纸巾的位置约 20×10 厘米、放杯盖的位置约（10×10）厘米 ×2 个（纸杯盖和塑料杯盖）。如果是咖啡店，必须放咖啡机和磨豆机。杯架空间可以忽略不计。

吧台下面必须放备用的杯子、吸管、纸巾等小物品和已拆封的原料，其中原料会占掉很多空间。如果你的收银机不是一体机，而是电脑组装的，那么，你还需要留一个放主机的位置。

如果你设计的吧台非常小，且原料今后只会越积越多，那么，预留好以上物品的空间，再稍微留出一些空余面积。

此外，做吧台的时候，一定要有至少一个抽屉，放一些小物品和资料等。

2．吧台台面可以放产品展示设备（如保温柜、冷藏展示柜等）、宣传资料和做活动时要送给顾客的小礼品、装饰物等。

3．吧台下面可以放插线板、宽带猫、路由器等零散的小物件；一些常备的小工具如起子、小锤子等；店铺的清洁用品，如玻璃水、洗洁精、消毒液等，以后经常会用到。如果有足够的空间，让它们也离自己近一些吧！而且，清洁用品不建议放在水槽附近，容易脏而且影响店铺美观。零散物品也尽量放在隐蔽的用不上的角落，如吧台的直角位置，这样可以更大程度地利用空间，也不会影响店铺的整体美观。

吧台是给顾客入店形成第一印象的地方，除了以上必备的物品，其余杂物都尽量不要放，否则会显得凌乱不堪。不经常用的物品就统统放到储藏间或定期清理吧！

吧台后的背景墙上方也可以打一排柜子或置物架，如果是放纸杯之类，建议用不限制高度的置物架，将杯子码放整齐后，还能营造店铺生意很兴旺的氛围；如果是放一些原料，建议用柜子，保持隐秘性。

吧台的朝向一般分为三种：面对门、侧对门和围栏式。面对门的又分齐门式和内收式。齐门式就是完全买了带走的，内收式一般还会提供几个小座位，让人等待取奶茶时可以稍微坐一下。侧对门一般有“7”字形和“C”字形，也是非常常见的一种吧台造型。围栏式吧台一般用于商场，呈“口”字形，便于区分场地；也有一些店铺会将吧台布置于店铺正中间，顾客可以环绕吧台就座。这种方式对店铺面积和吧台背景布局的要求都比较高。

为了考虑到吧台的空间实用性，不建议使用一些波浪形、斜梯形等异形造型。

“有茶出沫”的纸杯摆放成一面墙，既能作为装饰，又解决了空间的问题。

齐门式吧台。

“奶酪时间”的吧台和整个装修风格都很主流，很经典。

“卡旺卡”的侧对门吧台，这种进出口朝外的设计需要保证吧台的时刻清洁卫生。

商场吧台在设计时，要注意跟整体风格统一。

位于店铺中央的霸气吧台。

三、操作台该如何设计

操作台设计得合理与否，直接决定将来工作的方便性。操作台的宽度不能超过吧台。所以，要根据吧台的大小来决定操作台的大小。

操作台必须放的设备

咖啡店：咖啡机、磨豆机、咖啡杯、开水器、沙冰机、密封罐、顺手小器械。

奶茶店：封口机、开水器、沙冰机、奶昔机、果糖机、份数盆、密封罐、顺手小器械。

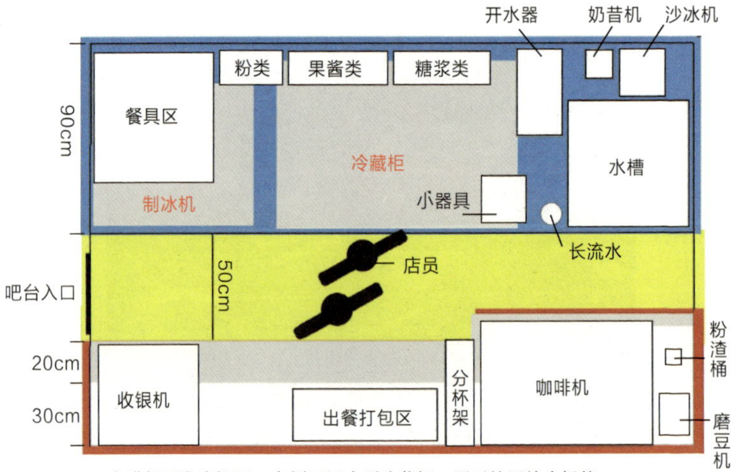

* 咖啡机下方应设置一台侧开门小型冷藏柜，用于放置纯牛奶等；
图中灰色部分为下一层平面；
所有机器设备都不得紧靠墙立面，请至少留出10厘米排风宽度。

第一部分　第二部分　第三部分

设计合理的吧台及物品的正确摆放

可以放在操作台，也可以放在其他区域的设备

纸杯和塑料杯、杯盖、锅碗瓢盆、电磁炉、简餐设备等，紧靠操作台应该有的设备是制冰机和冰箱。所以，在设计的时候，一定要为这两样东西留出空间。

上图的前提是店铺门位于吧台右侧，顾客从右至左经过咖啡机至收银位置开始点餐。为方便理解，我们将图分为上、中、下三个部分。

第一部分是吧台区。咖啡机安排在顾客进门第一眼所至处，是为了突出整个店铺的重点——一台品质咖啡机能提升整个店铺的品位。磨豆机和粉渣桶放在咖啡机的左边，则体现了一个细节——磨豆机和粉渣桶周围很容易有咖啡粉渣，独立放在最左边，一方面较为隐蔽，另一方面与分杯架分隔开来。如果放在右边，很容易弄脏杯子。

分杯架就是放一次性杯子的架子，再往左边是出餐打包区，方便收银员在店员忙碌时辅助进行打包出餐工作。

这一部分除了出餐打包和收银机左边的空白区域为吧台面以外，其他设备都是放置在下一层台面上的，这样有利于遮挡电源线等，所以，上面一层需要预留出设备高出部分的空间。通俗点说，设备那部分的吧台面都要挖掉。

第二部分是动线区。至少需要预留出 50 厘米的宽度，为店员留出舒适的操作空间，减少服务员的移动次数。

第三部分是操作区，也是重点区域。这张图只是一张基本平面图，只能作为设计思路的参考，还需要根据购买的设备尺寸进行设计。操作台面的高度与吧台下一层几乎等高，放置的是基本设备和原料。

水槽是操作区域最容易脏的地方，放在最右边也是考虑到其隐蔽性，虽然它离店门最近，但由于吧台上层的高度，刚好能将其遮挡。而沙冰机和奶昔机放在水槽后方的空处是为了节约空间及便于清洗，但要注意尽量不要让电源线破损，否则会造成漏电引起危险。开水器是经常接水的地方，放在水槽旁边的用意也是很明显。而开水器前方的长流水区域，是用来放搅拌棒等小工具的。由于需要经常搅拌饮品类，搅拌棒勺上会带有各种原料残渣，每次洗很麻烦，但如果一直泡在水壶里又非常容易滋生细菌，所以，有的店铺会有长流水区域，一直开着饮用水，保持里面的水流动。而糖浆、果酱和粉类原料按顺序放置，也是由于糖浆类原料最容易滴漏；其次是果酱，为了方便清洗，是按照离水槽远近来设计的。餐具区放在最左边，一方面是由于餐具离水槽越远越好，另一方面是因为餐具本身就是一种装饰物，安排在收银机后方，让顾客点餐时能下意识地获得舒适的感受。当然，咖啡杯是倒扣放在咖啡机上方的。

最后，我们再回过头来，分析一下第二部分的动线，看看这种设计是否符合操作动线流程。

如果是咖啡类产品：首先站在咖啡机前（或分杯架前）取下杯子开始萃取咖啡，接着，弯腰取出咖啡机下方冷藏柜中的牛奶，打发奶泡，再走到出餐区域完成出餐。

如果是冲调类产品：首先走到餐具区（或分杯架前）取杯子，取完杯子（如果是冰饮，直接弯腰从制冰机中取出冰块）走到原料区域，放下杯子，拿起右边的小器具（量杯、量勺等）和搅拌棒，将原料一一取完，走到开水器跟前接完开水（或水槽前接饮用水），搅拌完毕倒入杯中，将器具放入水槽等待清洗，搅拌棒放回长流水桶，转身出餐。

如果是沙冰或鲜榨类产品：取杯子后，从冷藏冰箱中取出备用水果，放入沙冰机，在水槽处加入直饮水，再转身压糖浆，开始制作。制作完出餐。

当然，具体还需要根据自己所销售的产品重点进行调整。可见，在确定操作台和吧台之前，甚至在准备装修之前就将设备确定下来，是多么重要的事情！

四、水电的安排

1. 水

水槽如果要放在吧台区域，位置一般都在拐角处，这样比较节约空间，同时保证整个环境的整洁。如果是一体的操作台，就不需要去考虑更多的问题，操作台一般都会有挡水背板，或设计成一个整体水槽。

如果是单独摆放一个水槽，一定要记住其周围和上部是被瓷砖包围的。千万不要让水槽和下水直接与墙面接触，否则墙面会发生霉变，今后打扫起来会非常困难，也影响美观和环境卫生。

制冰机和半自动咖啡机都是需要入水口和出水口的，所以，在放置这两台机器的位置一定要让师傅预留好出入水的位置。如果不是接中央净水的话，可以分别在两台机器入水处各加装一个纯水过滤器，这样才能保证水质纯净。

而制冰机的后方也要确保墙面是防水的，可以用瓷砖贴墙面，也可以是其他防水措施，否则也会容易霉变。

2. 电

如果装修的时候需要先做电，那么，一定要预先定好操作台上面所有设备的位置，以提前安装插座，否则将拖线板拉来拉去也是挺让人头疼的。插座的位置不要太低，最好是能在操作台上方约 10 厘米处，一方面不容易溅到水，另一方面这样的高度方便插拔，也不影响美观。

记住，在吧台下方一定要放两个插座，用来连接收银、网络及音响设备。有条件的话，还可以设置独立的音响系统，保证店铺音乐达到均衡环绕的效果。

第三节 店铺的整体风格设计

一、装修的风格定位

随着人们审美及动手能力的提升，很多店铺已经不局限于某种定式的装修风格，那么，把店装修成什么样子才最令人满意呢？为什么图片上的店铺那么美，自己明明也是按着这样的标准进行硬装和软装的，看起来却又不是那么回事？怎样装修才不浪费钱？

逛网店或是在外购物时，你会被各种新奇漂亮的小物件吸引。比如一张原木桌、一个小玻璃瓶……你会想象它们出现在你店里的瞬间也和你当初看到它们是一样的效果，买回去后发现效果并不怎么好，甚至不伦不类的。经历过装修的朋友对此应该体会更深。这就是物品合理搭配的学问。

这就涉及店铺装修的定位问题。要明白，它们之所以在你面前呈现出美感，是由于它们当时是在与之相呼应的背景中独立呈现，而你只会买下这个物件，却不会买走你所见到的摆置背景，当该物件出现在另一个背景下时，可能只会显得突兀刺眼。因此，只要将店铺风格定位好，并持续专注于这一种风格，从整体到细节、从核心点向周边扩散，你必定能从中发现装修的规律。相信你也能靠自己的力量，装出完全符合自己心意又受到大家青睐的店铺。

二、店铺灯光的确定

在确定完整体风格后，你需要在整体风格的大框架下，决定你想实现的灯光效果。除了选择灯饰造型外，也要让灯光的色调和布局决定整个店铺的大色彩基调和功能分区。特别要注意避免冷暖光的相互掺杂，这样，会显得店铺又脏又乱。

灯饰造型分为吸顶灯、吊灯、台灯、壁灯等，而选用的灯光光源主要分为暖光和冷光。一般情况下，不建议带休闲区的店铺安装冷光灯，这样容易让人产生疏远感，休息的时候，也会觉得不太舒适。

如果希望店铺显得明快温暖一些，可以选择暖白色灯泡，安装时，多预留一些位置；如果希望店铺温馨幽静一些，可以选择暖黄色或暖红色灯泡，少装几个灯就行了。

灯光不仅受到光源色、灯泡瓦数和灯泡个数的影响，不同的灯饰光源也可以帮助店铺实现不同的灯光效果。常见的光源有节能灯、LED 射灯、金卤灯、白炽灯、灯管、灯珠（12V 和 220V）等，价位基本上是根据品牌和瓦数来区分的。节能灯分普通节能灯和 LED 节能灯两种。灯光效果柔和自然，光源分散，它们的节能效果和光源效果基本相同，而 LED 灯的使用寿命和稳定性比普通节能灯高出十倍左右。

普通节能灯

常见的几种 LED 节能灯

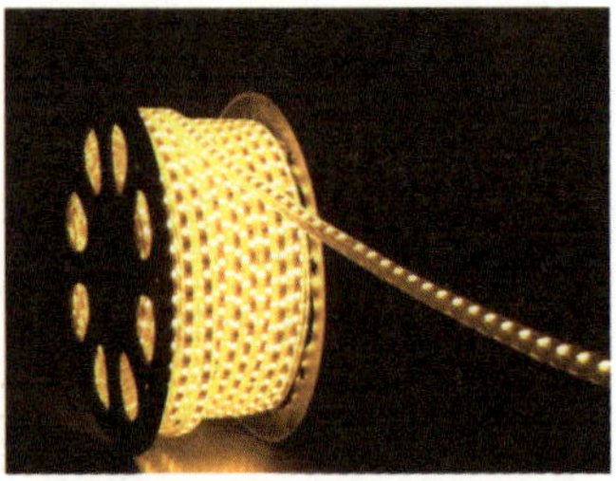

灯带也是 LED 节能灯的一种，颜色可多选，价格按米计算。

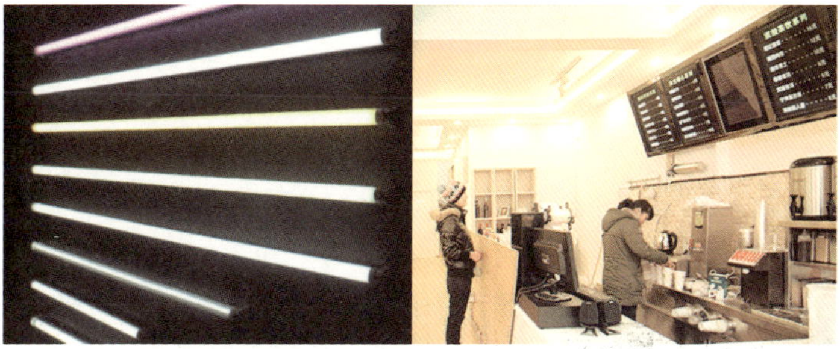

（左）LED 灯管
（右）普通节能灯和藏于吊顶凹槽中的灯管组合，显得店铺明亮利落。

灯管是市面上最常见的，就不多做介绍了，用途也非常广，可根据需求选择光源色、亮度和长度。

射灯的种类非常多，和金卤灯的效果相似，价位也与之相当。因 LED 射灯非常省电，逐渐代替了金卤灯。目前，店铺最常用的就是 LED 轨道灯（也有无轨道的），光线亮、光源投射较集中，呈点状投射，并有七种色彩可选。一般安装在轨道上，可以自由移动，并且可以随意改变照明方向。而普通射灯由于耗电量较大，已基本不在商铺中使用。

（左）无轨射灯和 3 个冰块吊灯（内置 LED 节能灯）
（右）“咖啡陪你”店内的 LED 有轨射灯和星星 LED 灯串（60 ~ 80 元）

白炽灯的应用范围很广，像钨丝灯和卤素灯都属于白炽灯的一种。随着咖啡馆复古风的兴起，装修时会更多地使用钨丝灯，光源效果更显昏黄，造型更多。但此灯耗电较高，且容易坏，购买前务必三思，再决定是否入手。

漂亮的钨丝灯泡和灯组（淘宝产品），搜索关键字“爱迪生灯泡”。

表6-1　常见易混淆等亮度光源瓦数对比表

普通节能灯	LED 节能灯	白炽灯
—	1W	25W
5W	3W	40W
12W	5W	60W
24W	7W	100W

很多人会因为名字和产品外形相似，而分不清金卤灯和卤素灯。记得向店家询问光源效果和耗电量，不要在混乱中迷茫，这两款灯用得都比较少。金卤灯是一种新型光源，光色好，光效高，里面装的是金属卤素。而卤素灯就是碘钨灯，灯管里面有碘，碘和灯丝中的钨起化学反应后，可使灯丝的温度升高，发出的光较强。金卤灯对电压要求比较高，启动时间很长，不适合要求迅速点亮的场所，一般用在店门口做活动期间的打灯用。

三、店内大色块（色调）的确定

不是所有人都能把冷暖色搭得很完美，如果你不能很好地驾驭色彩，又想稳妥安全，整体装修的大色块尽量不要超过三种，而这三种颜色一定要同色调的对比色或单色配白色。务必确保三种颜色属于同色系、同色调，且主色、次色和装饰色的比例大约控制在6:3:1，如此，基本就不会出现什么大问题了，之后的软装物件都配合大环境搭配就可以了。

红、橙、黄这三种暖色相对受餐饮业的欢迎。这几种颜色会显得干净明朗，又热烈醒目，有助于提升心情、增进食欲。

如果你想要绿色，可以尝试绿色和白色，或者黄色，但不要选择紫色；如果想要黄色，可以尝试的颜色就很多了，棕色、灰色、黑色都可以。

如果你很擅长颜色搭配的话，撞色是个错的选择，它更容易让店铺充满个性！

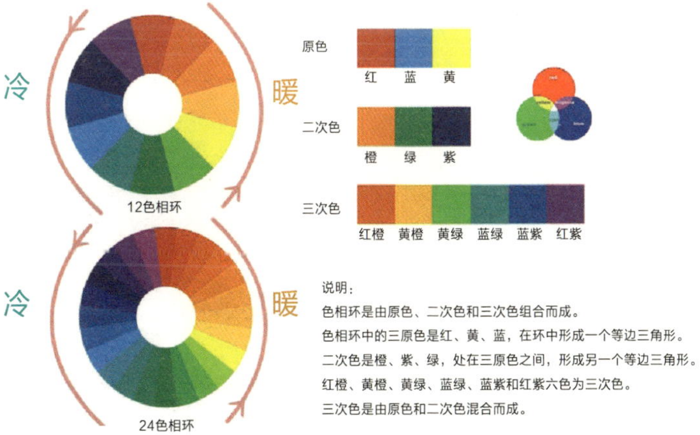

“漫生活咖啡”的整体设计为暖色调的褐色（砖木色）系。

“星巴克”灰黑色调跟原木色完美的搭配，使店铺整体显得简约时尚。

亮暖色系的搭配显得店铺整洁明快。

咖啡店基本上会选择暖色调中的深色及冷色调中的灰黑色。

如果是对色彩缺乏敏感度的朋友，建议不要按照自己的感觉和喜好去做决定，多问问身边懂色彩、懂设计的朋友，多请教参考他们的意见，或者多转转其他好看的店铺，总结一些经验，多找找感觉。

原木风格的店铺显得舒适静谧。

暗暖色系的搭配显得店铺个性大气。

四、店内功能分区的确定

分区一般都是通过吊顶或地砖来进行划分的，而选用吊顶分区的特点，就是可以控制灯光的明亮程度——前提是，如果你愿意为自己的天花板做分区吊顶的话。

常见的吊顶分格栅吊顶、集成吊顶和石膏板吊顶。格栅吊顶价格便宜，颜色只有黑白两种，比较适合安装整个天花板；集成吊顶价格适中，一般家庭的厨房和卫生间吊顶都是这种，色彩花式选择面较大，容易清理，不易做分区；而石膏板吊顶价格偏高，但用途非常广泛，要想实现的颜色、形状、造型、层次等，基本能够实现。

石膏板吊顶的分区都是按照功能分区分块的，一般分为操作区、吧台区和座位区。有的还会有其他功能分区，而有的吧台区就是操作区。要根据店铺的实际情况具体分析，做决定。

“棉花堂”甜品店的吊顶，几根简单木条加铁丝网，创意满满！

黑色集成吊顶及吧台白色大理石材质混搭的吊顶分区。

格栅吊顶安装方便，价格便宜，有黑白两色可选。

五、店内装修要注意的事项

首先，设计的时候，一定要遵循在实用性和功能性的基础上实现效果的原则。

1. 地面

虽然很多朋友喜欢木地板，显得很有档次，但普通的复合木地板不耐潮，如果经常遇水，会出现开裂、翘起等现象，而且只换一块板是不可能解决问题的。在实际走访中笔者发现，用木地板的店铺还是比较少的，建议多跑跑瓷砖店，寻找好看、耐脏，又防滑的地砖吧！现在也有仿木地板造型的瓷砖，看起来还不错，但质感还是达不到木地板的效果。

还有一些店铺会直接使用水泥地面，以打造质朴简约的风格。如果直接使用水泥地面，则不容易打扫，因而，有的店会用自流平进行覆盖。灰色哑光的自流平是最接近水泥地效果的，不过，这种材料价格也比较高，而且施工时需要格外留意，否则容易起皮，届时修补起来比较麻烦。

国外也有选用分区混装的。比如在客座区选用木地板，走道区选用水泥地板（或自流平），吧台区选用防滑瓷砖。这些搭配需要更高的设计水平才能实现，拿捏不好会显得混乱花哨。

北方干燥不易潮湿的气候也是“Clark”大胆使用木地板的原因之一。

值得注意的是，一定要尽可能地减少地面缝隙，否则，会很容易卡入一些食物碎渣、糖液等，清理不及时就会招来蚊虫蚁害，影响卫生。

2. 墙面

墙面的装饰手法比地面选择的余地要多很多，最常见的有乳胶漆、墙纸、亚克力背板、玻璃等，瓷砖和木地板的运用已经不算什么创新了。只要肯大开脑洞，就一定会有惊人创意！

值得注意的是，经常用水的地方要做好防水措施或选用防水材质作为装饰。客座区尽量避免使用墙纸。客座区下方尽量不要刷白色乳胶漆，最好铺上容易擦拭的材料，如木板条等，因为每家店铺都会出现一到两个让店主想要剁手剁脚的顾客……

“红咖啡”店内墙面是粗犷的红砖墙和水泥墙面，别有一番感觉。

“圣唐国际”咖啡培训教室内的墙面是用装咖啡豆的麻布袋粘上去的，效果非常好。

有条件的话，也可以用丙烯颜料在墙面上画一些图案。

常见的乳胶漆墙面，复合地板贴在墙面上形成层次，在下方顾客容易踩踏的位置刷上黑色防水漆，方便擦拭脚印。

3. 软装

如果通过硬装实现了店面整体的基调，那么，软装就是烘托氛围和体现细节情趣不可或缺的部分了。

软装要说的内容很多，也很散，更多的需要店主自己留心身边的一草一木，多看多想，才能找到感觉，否则，也只是一些生搬硬套的堆砌。

单独将“六月花园”拎出来作为案例，是因为这家店真的很美，推门的一瞬间就会被惊艳到。

由于老板本人就很懂设计，装修到这种程度也不算难事。整个店铺的布局、色彩搭配都新颖到位，处处充满创意的惊喜。虽然我们的目的不是要达到同样的效果或程度，但借鉴一些思路和经验还是很有必要的！

过道一侧的原木横板上放着各种造型的瓶瓶罐罐，下排的玻璃瓶还用到了细麻绳，增加了瓶身的艺术感。

从进门一刻起，就被“六月花园”的门把手吸引。

楼梯转角处开了一扇木窗，站在楼梯上，透过窗就能看到下层的布局，而悬挂着的匹诺曹却让你看得又不是那么直接。

整面墙用干荷叶作为背衬，悬挂干树枝和壁灯作为装饰，主次、虚实、多少、大小的对比中仍保持色系的统一，色彩丰富却不突兀，尽显店主的设计水准和对美感到位的拿捏。

墙面用刷漆做旧木条拼接，挂着各种小物件，凌乱中不失个性，看似杂乱却布局有致，老板好有才！

木制的桌椅尽显质感，温和的暖黄光源映衬着店主亲自画的墙绘，恍若走进白雪公主和七个小矮人的童话世界。

精致的名片架，名片的色彩和名片架也非常搭。

整个灯是用玻璃杯拼成的，光线透过五彩的杯子也显现出不同的颜色，却不过于明艳。

内涵图：树桩造型吧台、Lamarzocco FB80 咖啡机、Blendtec Smoother 沙冰机，还有 WBC 咖啡冠军和任性店主。

装修好的店铺无论从哪个角度看都是风景。

较为主流也容易获取的装饰品是非常多的，挂钟、吊灯、复古电扇、旧海报、造型花盆 + 植物……在某宝上输入“zakka”，就可以发现很多新颖的小物件！

“沐茗咖啡”的楼梯间挂着一个用鸟笼做的灯。

常见的牛皮纸海报作为墙面装饰，图案多，价格便宜。

“Soloist”店内的老式电扇、谱架和箱子

另外，还有很多花花草草的盆栽，也是装点店铺的重点。很多人会觉得养花是很难的事情，一方面没有这种习惯，另一方面每种花草都有自己的生长特性，突然开始打理还真的没有头绪，养一段时间就死掉了，最终会放弃买新的盆栽，即便是买一堆仿真花回来，也还是觉得缺少生气。

不会养花的小伙伴可以选一些容易打理的植物试着养养，等养好了，形成习惯，再慢慢入手一些有难度的盆栽。一开始推荐大家种绿萝和薄荷。这两种植物非常容易存活，长势快、好打理，土栽和水培都可以。绿萝只要勤浇水，并保持温度在 20℃ ~30℃，避免暴晒，就会长得很好，可以放在室内；而薄荷则需要水和阳光，可以放在门口或窗台上。这两种植物一起养，只要每天早晚各浇一次水就行啦！如果有长势特别好的，再买一些花盆和营养土，剪一截插入土中，很容易成活。注意，刚移植完一周内不要直接接触阳光就好啦！而且薄荷还可以在做产品时摘两片做装饰，让产品显得既新鲜又美观。

满满的小清新绿植

店内多放置绿植还可以帮助净化空气。

挂在店外的绿萝

窗边绿意融融的多肉植物

第四节　门脸的设计

门脸顾名思义，就是店铺的脸面，是让经过的行人对店铺产生认知、定义和初印象的重要环节，包括门头和外立面。

门头部分可以提前设计制作安装好，早一点让路人获得信息。

一、外立面的设计

目前，商铺外立面基本上都是以玻璃门为主。好处是容易让人了解店内情况，阳光也容易照进来，玻璃的通透可以显得店铺干净宽敞。还有少部分店铺是设计为外墙式，再在外墙上开玻璃门窗，好处是增加隐秘感，勾起路人的好奇心。

“星巴克”通体玻璃外立面

“棉花堂”砖墙风格外立面

玻璃的造价比较高，外墙式可选材料较多，砖、木等都可以运用，可以呈现更多造型风格。

二、门头的设计

见过最小的咖啡店门头，就是一张纸，却丝毫不影响其客流量。

“咖啡陪你”的门头字占据了整个门头1/2的位置，却不显拥挤，是由于使用的是英文字母。

“奶酪时间”的字体比较大，也只占了整个门头约1/3。

门头就是店铺的一张脸。如果你希望你的门头设计得不那么土气，一定要记住三点：不要轻易用太艳丽的颜色；不要轻易用太多的颜色；不要轻易用太大的字体。当然，创意设计这种事没有绝对的允许和限制，要想拿捏好，确实需要多费一些心思。

最好只用到1～2种和店铺整体风格搭配的颜色。如果是两种颜色的话，一定要是对比色，这样才更容易造成强烈的视觉感受。而门头色彩过多，只会让路人在匆匆一瞥时眼花缭乱，寻不到重点。

很多人在做门头字时，出于渴望易被发现的心理，总会陷入将整个门头装满字的误区，这样，不仅价格相对变高，而且并不符合审美和视觉习惯。特别是汉字，由于笔画较复杂，字体太大只会让人看着眼胀，增加视觉负担。一般控制在整个门头的1/3大小，比较合适。英文或其他单一线条形式的文字，则可根据实际情况搭配。

三、门头背景和门头字的材质选择

当到了这一步，你会发现，找设计师咨询也好，去建材城逛也好，了解得越多却越不知道该如何选择。往往到了最后，选择的材质和字并不匹配。

下面，笔者为大家介绍常见的几款个性材质，以及各自的特点，充分运用搭配，可以实现个性、好看又便宜的门头效果。

1. 扣板

因其可直接安装，外观看上去像是扣在建筑装饰表面，故名“扣板”。常用到的有三维扣板和彩钢扣板。其特点是：颜色多，价格便宜，易清洗；防水、不渗水；不会产生霉变；不易变色；施工安装非常方便。所以，它也是市面上最常见的一种门头装饰材料。但它的特点也是与其质量相关的，既然价格本身便宜，如果选择的话，建议还是选择质量好一些的，差的容易变形，甚至断裂。还有铝扣板、PVC 扣板等，一般都是用于室内厨卫吊顶的，无需了解。

三维扣板的可选造型较多。

同样的彩钢扣板作为材料，不同的搭配效果也不相同。

2. 铝塑板

这是市面上最常见的门头材质，比扣板贵一些。像肯德基、麦当劳的门头红色部分就是铝塑板的。其优点是：可塑性强；耐候性强；耐冲击磨损；色彩可选择性强，且均匀不褪色；有自洁能力（白色的会稍微容易脏一点，但也很容易打理，用清水擦拭就会变干净）；施工安装也方便。现在还有镜面和磨砂等铝塑板材质可供选择，价格会比较贵。

铝塑板品牌，如“吉祥牌”，产品档次和价位分得很细，什么样的钱就能买到什么样的质量，也不会存在以次充好乱要价的情况。市面上的“吉祥板”也有假货，所以建议去正规的商家挑选，太便宜的就不建议了，室外的环境本身就不是很好，差的铝塑板是很容易断裂的。比较合适的价位在 130~180 元 / 块（每块尺寸为 1.2×2.4 米）。另外，若用黑色的铝塑板，建议购买同等预算价位之下更贵一些的，因为黑色板特别容易看出表面不平整。其缺点是硬度不高，两年左右就可能出现变形，差的铝塑板更加不耐用。

3. 亚克力吸塑板

亚克力，又称特殊处理的有机玻璃，系有机玻璃换代产品，其透光性能好（透光率高达92%），可以在内部装灯，晚上可以透光。颜色纯正、可选色彩较多、美观平整，兼顾白天夜晚两种效果，使用寿命长，清洗也很方便。其缺点是价格高，一个平方米大约需要五六百元。如果你在市场上发现有很便宜的亚克力，记住，那个叫有机板，不是亚克力，虽然看起来和亚克力是一模一样的。普通有机板用普通有机玻璃裂解料加色素浇铸而成，表面硬度低，易褪色，而且非常容易磨花，不适合做门头材料。

晚上开灯效果。

白天效果。

4. 烤漆玻璃

很多人会用烤漆玻璃做门头，因为它是最不容易变形的，而且平整度最高，也最不容易变色，价位一般在300~400元/平方米。

烤漆玻璃最大的问题就是镜面反光现象非常严重。

“Clark”全木外墙和简单的雨棚门头。

5. 其他材质门头

对于木质门头，笔者觉得可能更适用于咖啡店或酒吧，奶茶店若偏要用木质的话，原木色可能更合适（浅色），同时，做好防虫、防潮、防变形等各项措施。防腐木是经过防腐处理的木材，使用防腐木可以保证十几年，甚至几十年都不坏。

上图店铺的造型很抢眼，强烈对比呈现出鲜明的效果，是和发光字同时实现的效果。背景板是普通的黑色铝塑板，黄色部分都是亚克力灯箱。亚克力部分应该造价不菲。

四、门头字的选择

由于门头字的选择非常丰富，如果一一介绍估计又能写一本书了，所以，笔者将结合一些图片把常见的材料进行简单介绍，便于大家做预算。当然，每款材料的价格还跟材质、厚度有关，且每个城市的价格行情也不尽相同。

*所示案例仅作为介绍材质及部分价格参考所用，与行业特点及审美无关。

大理石纹铝塑板（约200元/块）

彩色亚克力螺杆通体发光字（约700元/m^2）

红色亚克力发光带支架+黑色烤漆包边（约650元/m^2）

白色亚克力板+黑不锈钢包边

白色磨砂玻璃

黑钛字（或黑铁皮/不锈钢烤漆字）

三维扣板

不发光黑色亚克力围白色亚克力边（约300元/m^2）

五、门头灯箱

灯箱一般作为门头辅助装饰，也有直接用作店招的，上面可以印上任何你想印的内容。国内市场上大多数是简单吸塑灯箱，形状差不多，一般是单色，价格也非常便宜，只要100元。

怎么样？通过对这些常见门头的介绍，是不是对这部分内容有了一个较为清晰的概念了呢？

亚克力围铝边灯箱

第五节　点餐牌的设计

点餐牌是将自己店内的产品展示给顾客的载体，是实现与顾客初次沟通的桥梁。好的菜单能够让顾客更为方便快速地了解并选定产品，有效减少服务员与顾客之间的沟通成本。

一、吧台点餐牌

这类点餐牌的特点是选材丰富，根据材质主要分为灯片式、荧光式、黑板式和屏显式四种。

1. 灯片式　常用于超薄灯箱和翻转灯箱。这类灯箱的特点是背景有灯光透出，比较显眼，画面可以是纯文字的，也可以是图文结合的，图片更换方便，画面材质为灯片（全名为数码灯片喷绘，有软膜和 PVC 材质可选，属于广告耗材），色彩精度高、效果好，价位区间在 1800~3000 元，可根据尺寸、定制要求和质量决定。

麦当劳的翻转灯箱切换早午餐菜单相当方便。

“coco”的超薄灯箱安装方便灵活。

2. 荧光式 荧光板早先广泛运用于店门口的促销广告板中，最近才开始运用在灯箱上，亦属于超薄灯箱，效果也很好。60×80 厘米的常规尺寸荧光板单块价位大约在 150 元左右，使用四五块的话，造价不到 800 元。

“印曦咖啡”较典型的大号黑板点餐牌。

3. 黑板式 小黑板的价格比较便宜，除去木工制作背板框需要的费用（也有直接将若干黑板拼接在墙面上的），46×60 厘米常规尺寸的黑板单块价位大约在 70~100 元不等，一般需要四五块，最多只需要 500 元；而且黑板更改菜单非常方便，擦掉重写就行了，受到很多个性小店的青睐。缺点是没有背光灯，店家一般都会在每块黑板上方安装小射灯。

“沐茗咖啡”吧台上方的整体黑板尺寸是需要定制的。

4. 屏显式 高清电子显示屏。每台显示屏价位在 1500 元以上，后期更换画面时不需要再额外开销，只需用电脑设计好，通过 USB 播放即可，支持静态、动态图以及视频，是唯一一种可以让画面动起来的灯箱。全部使用屏显的店铺比较少，一般都是普通灯箱 + 一两台显示屏混搭。

还有一些较少见的材质，如磁吸式灯箱也非常好，但画面材质较少见，有的城市不一定有，会影响更换的便利性。

“咖啡陪你”磁吸式点餐牌。

特别需要注意的是，安装这类点餐牌时，高度如果在 2 米及以上，展示面需要前倾 30°~45°，否则顾客抬头看字会很辛苦；设计画面时，文字不能太小太多，内容不能太杂乱，否则会显得眼花缭乱。

二、手持点餐牌

手持点餐牌的好处就是可以让顾客坐在座位上，而不用站着点餐，服务人员在递过点餐牌的同时，也增加了与顾客交流互动的可能性。

定制的插页式菜谱，画面可取下，更换方便，单本价格约 70 元。

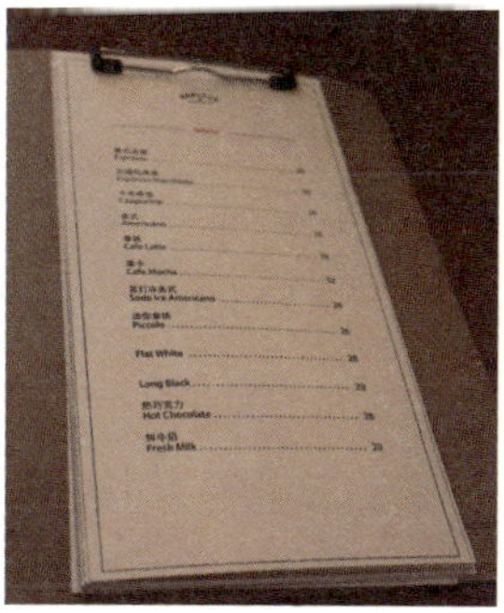

这种打印点餐卡纸非常受用，成本低廉，简单直接，单张价格不超过 10 元。

折页式餐单可以让顾客带走翻阅，还可以作为宣传单页发放，有起印量的限制，一般为 500 张。

个性随意的空白手写点餐牌。

三、台卡

有的台卡还具备呼叫服务功能。

可以在每张桌子上放置一个台卡，便于推送一些店铺信息，如二维码以及最新产品活动等，更换方便，置于桌面也便于顾客阅读。

第七章

营销和推广

第一节 锁定人群，精准投放

一、选定人群

早前，人们会喜欢“广撒网”的营销模式，收效也不错。但时代在不断变迁，过度营销也成为市场宣传的一大问题。如今的大数据时代，通过标签更容易实现精准投放，从而节约成本，节约精力。

二、谁爱我？他们有共同点吗？

如今，贴标签成了对人群进行细分归类的一种方式，可以在短时间内把握一个人的核心特质、喜好等信息。为自己贴标签，有助于让顾客更为迅速地认识你；而为目标顾客贴标签，可以精准地找到自己的目标客户。

比如，你的店铺推出了一款新的主打产品，是奶茶味的牛奶饮品。如果你广撒网，势必耗费很多精力，而如果你能直接去一家烘焙店拦截买含抹茶或牛奶产品的顾客，那么，你能更有效地获取顾客，甚至会博得顾客的好感——谁不希望被人关注，并被了解呢？

所以，你要先建立好自己的标签，如年龄段、口味偏好、哪里人，等等。那么，你就可以通过各种手段去别的地方挖掘他们，再有的放矢地进行投放，这样，会帮助你节约更多的成本和精力。

第二节　利用平台让宣传效果最大化

在使用每一款平台前，你都要保证自己的产品和服务是过硬的，或是特别的，并且需要深入熟悉这个平台的基本功能和规则，如此，你才能在使用时如鱼得水。而功能和规则也会不断地改变和完善，以更好地实现公平、透明。一般来说，新功能出现时，都会提示更新，所以很容易就能掌握这些信息。了解每个平台的特点和优势后，根据市场走势有的放矢地灵活运用，可以令你的店走得更快一些。

一、大众点评

“大众点评”是覆盖全国的本地生活信息的交易平台，不仅为用户提供商户信息、消费点评及消费优惠等信息类服务，同时还提供团购、餐厅预订、外卖等交易服务。它对于商家而言是一个非常重要的窗口，对待商家是很公平的，无法帮你删除好评或者差评，所以，你的每一个评价都是自己赚来的，只要运用得当，就能很好地帮助你实现引流。

虽然大众点评在一些小城市还没有完全被挖掘，但随着人们使用习惯的改变，最终还是会触及到此，若能尽早进入，抢占先机，那么，当人们开始习惯使用 APP 时，你的点评数量已远远超出其他同行了。

成为大众点评的商户也很简单，基本上是免费的，排名也有其特定的规则，由高级用户点评、普通用户点评、浏览量、关注量等诸多因素决定。同时，增加店铺的团购和各项消费活动，也能增加自己的曝光率。

1. 高级用户点评

高级用户的点评具有一定分量，对于大众点评网的排名有强大的推动作用。而高级用户就是经常为各个商家做出点评，又总是被评为优质评价的用户，此类评价越多，用户等级越高。而很多高级用户都是专业的吃货和强大的写手，他们时常作为一名普通消费者隐藏在你看不见、找不到的地方。

2. 普通用户点评

虽然普通用户点评权重没那么多，但积少成多，对排名也会存在一定影响。很多商家在新开业时，会做一些促销活动，积极推动客户上平台点评，从而有助于提升排名。

3. 浏览量

即点击进入店铺了解信息的用户数量。大众点评后台有监测刷流量的功能，想靠刷流量提升排名？建议还是把这些钱省在别的地方。想做好浏览量，首先要有一个醒目的商户图片，最好能够干净、一目了然，或者做得让人很有食欲的样子，这样容易抓住用户的目光；其次，仍然需要让自己努力爬到前页，这样，才有机会被更多人看到。

4. 关注量

如果你的店铺评价够高、活动够丰富、产品够吸引人，自然会获得用户的关注，关注量越高，排名越高。

5. 其他

各项活动包括团购、在线买单、在线等位等，也会有助于你收获更多好评，让排名加快提升。此处做出特别提醒，既然是团购，就一定要舍得做低价爆款，同时，消费的限制尽可能越少越好，让用户感受到你诚心欢迎他们来尝试消费。比如明明是下午茶团购，非要让客人在上午 10 点到 12 点之间来消费，会给人感觉不够诚心。有人也不会看得那么仔细，一旦到你那里被告知无法消费，你的这个团购活动只会给用户带来很差的体验感。

除了以上这些，更精准地为自己做好分类，也可以让用户更容易发现你!

二、微博

由于文字短小，信息发布方便、传播迅速，微博受到很多中小商家的喜爱。

微博的规则很多很细，也比较复杂。对于商家而言，并没有必要做到红 V 级别，也不需要花钱购买会员等，只要用固定 IP 经常在线发布一些优惠信息或做一些转发抽奖的活动，让更多人参与进来，并且帮助你推广出去。如果是想做品牌的商家，可以注册一个商家号，也就是蓝 V。

值得注意的是，为了体现公平、公正，在微博的抽奖平台发起活动时，都需要向平台报备，流程很简单，只需要关注“微博抽奖平台”即可了解。

获取粉丝的方式也比较简单，和公众平台一样，在店内通过优惠活动等形式适当引导客户扫码关注，或者通过其他平台做一些较为吸引人的活动来进行引流。

三、微信公众平台

微信公众平台适用于一些打算走品牌之路的商家。和微博比起来，可能更加灵活，不但可以编辑短文字，还可以发表长文、视频、语音等。但它在操作上比微博要复杂一些，如果是订阅号，每天只能推送一次；服务号每周才能推送一次，并且需要进行缴费（300 元）验证，且对文字图片的排版等有一定要求。加之如今人人都是自媒体，公众号业已泛滥成灾，想在其中脱颖而出，难度非常大，还不如把精力更多地放在产品研发上。

第三节　玩转外卖，收入翻番

如今，人们的消费习惯已经有了很大的变化，外卖也趋于日常化，每个城市都有“美团”“饿了么”“百度”等几大外卖平台，大家使用平台的习惯也不一样，所以，你需要根据自己所在城市的人群使用习惯，选择1～2家平台，有所侧重地对外卖产品进行细致划分。

参与外卖的好处是也可以帮助更多人群加深对你的认知和了解，从而增加更多消费机会。同时，和大众点评一样，好的评价也能够让你如虎添翼，更快腾飞。

平台虽然不需要费用，却会和你进行销售分成，所以要提前进行了解，做好成本预算。它们也许能够帮助你在前期迅速打开市场，更快地让消费者增加对你的熟悉度，从而实现销售流水，这并不一定是赚钱的好路子，却是你迅速传播自身价值的有效平台。只有被更多人所熟知，才有更多到店消费的可能。

第四节　和顾客手拉手，一起走

顾客就是你要悉心呵护的恋人。为了得到他，你必须无所不用其极地展开猛烈攻势。而在这之前，你需要了解他的一切喜好、习惯、脾性等。对于不同人群的喜好，你要有不同的侧重，在奢华面前显得你很豪，在文艺面前展现你的浪漫与不俗之处。在顾客面前，你就是一个演员，而好的演员，即使是演，也一定是拿出了真感情，用心去诠释。而好的产品是你们携手走得更远的基础，如果你的产品已经足够优秀，你需要用对方可以接受的方式让他知道你的好；如果你还不够棒，就要适当对自己进行包装，先把对方一举拿下，再慢慢弥补自己的不足。否则，久而久之，对方还会弃你而去，毫不留情。

第八章

服务和管理

如果本书不是按照开店顺序讲述的话，本章可能会被置于最重要的位置。前面一切的努力是为了让自己的店铺展现在大家面前。想让店铺有条不紊地持续下去，除了产品本身给顾客带来的美好感受，顾客进店的消费体验更是重中之重，而这一切都需要有专业细致的服务和管理。

俗话说："无规矩不成方圆。"好的管理制度能帮你节省时间，提升工作效率。只要每天按照制度上的标准去操作、管理，任何时候出现任何人员流动，都能确保店内工作有条不紊、秩序井然地进行。

在管理员工时，奶茶店要遵循以下几点：

首先，制度的内容要清晰准确。如果制度过于笼统模糊的话，实施起来往往难度较大，最终导致制度流于形式。要避免这一点，就要细化制度，实施"标准细则"，把平时经常使用的日常管理（如出勤、着装等）规范、标准话术、商务礼仪、卫生制度、服务标准等全部细化，不断向员工灌输，并认真遵守，如此，制度就容易落到实处。

其次，定好的制度一定要落实到位。就是说，在制度面前，人人平等，即便是店主本人进入店铺，也要严格按照制度执行，从我做起，从而形成健康有序的工作氛围。

第三，如果你的店铺有两个或两个以上的员工时，其实是更加容易管理的（前提是做到严格遵守制度），这样，会在员工中间形成良性竞争。如果这种关系能很好地加以利用，就能有效地激励员工，在竞争中不断提升自我，从而进入管理的良性循环。那么，待遇方面就要体现出层次。

第四，管理要人性化。此处，不要把人性化和人情化相混淆。过多讲人情会让大家表面一团和气，对待工作的态度逐渐松懈，错误频发，最终导致制度流于形式，难以实施，管理混乱。人性化也应在严格遵守店铺制度的前提下进行。另外，一个好的店主包括管理者，都应该有一颗能够关心体恤员工的心，多关心他们的生活，多与他们沟通生活上、工作上遇到的问题，帮助他们解决，让他们能够对你更加信任，对工作也更加投入。

牢牢记住并且做到以上四点，才能让接下来的管理细则更好地发挥它们的作用。

第一节　常用的管理表格

一、日常管理

1．考勤表
2．设备清洁表（日）（周）（月）
3．门店每日工作表
4．产品保存期限表

二、工作管理

1．货品库存表
2．仓库入库表
3．货品出库表
4．原料损耗记录

一、日常管理

1. 考勤表

员工月份考勤表　　　　部门　　　　月份

日期 姓名	1	2	3	4	5	6	7	8	9	10	11	12	13	14	15	16	17	18	19	20	21	22	23	24	25	26	27	28	29	30	31	出勤天	迟到天	早退天	公干天	加班小时	事假天	病假天	旷工天	脱岗情况	备注

说明		部门经理签字	
	1. 符号说明：出勤∨；迟到△（9：00）；早退#；公干Φ；加班□；事假⊕；病假*；旷工×。		
	2. 本应出勤天数。		
	3. 由部门经理负责考勤工作。		
	4. 各部门于每月3日前将此表交综合管理部。		

2. 设备清洁表（日）（周）（月）

日清洁 / 保养项目	1	2	3	4	5	6	7	8	9	10	11	12	13	14	15	16	17	18	19	20	21	22	23	24	25	26	27	28	29	30	31
白班																															
值班主管确认																															
周清洁 / 保养项目		周一		周二		周三		周四		周五		主管签名			月清洁 / 保养项目				执行日			主管签名		季清洁 / 保养				执行日期			

3. 门店每日工作表（每周更换一次）

班次	分类	已执行的打钩						
早班	1. 换好工作服并整理好仪容仪表	1	2	3	4	5	6	7
	2. 生饮水放流 3 分钟							
	3. 开灯，开机器设备并调至待用状态							
	4. 打开音乐并将音量调至合适状态							
	5. 用干抹布清洁吧台、桌椅上的浮灰							
	6. 用湿拖把拖一遍地面							
	7. 检查玻璃、展柜是否有污渍等印记，并及时擦干净							
	8. 检查洗手间是否干净，并补充所需物品							
	9. 所有抹布投一遍水，需要晾干的抹布搭晾于开水器上							
	10. 制作备用料							
	11. 补齐粉罐、果酱等所有原料，并记录下需要补货的产品							
	12. 补充一次性用品（杯、吸管、勺等）							
交班	1. 换好工作服并整理好仪容仪表							
	2. 检查店内垃圾桶并及时更换							
	3. 用湿拖把拖一遍地面							
	4. 协同早班完成钱箱营业额核对交接工作							
	5. 检查早班备用料使用情况，并及时补齐							
	6. 所有的抹布清洗一遍，需要晾干的抹布搭晾于开水器上							
下班	1. 将卫生间清扫干净并消毒							
	2. 检查备用料，过保管期限的需倒掉，未过期限的入冷藏室							
	3. 用洗洁精将所有制作物料清洗干净							
	4. 挤酱瓶、糖压瓶的瓶盖、口热水浸泡并清洗晾干装回							
	5. 用干湿抹布清洁吧台、桌椅各一遍							
	6. 所有抹布用洗洁精洗净后，过水冲净搭晾于吧台							
	7. 将垃圾桶内的垃圾清理掉，换上干净的垃圾袋							
	8. 用洗衣粉水浸泡拖把后拖地，再用 84 稀释水拖一遍。将拖把洗净晾晒							
	9. 将所有设备清理干净并关闭相应电源							
	10. 总结当日特殊事项							
	11. 清点营业款，并做好日结，关闭各种电源							
	12. 锁好店门，闪人							

1. 建议根据店铺实际机器设备购买情况，制作一张设置模板表和清洁要求表。

2. 建议备用料根据店铺实际产品情况制作一张备料表。

3. 每 2 周更换棉质滤心 1 次，每 3 个月更换活性炭滤芯 1 次（根据店铺实际用水量，棉质滤芯最多不超过 1 个月、活性炭滤芯最多不超过 6 个月更换）。

检查项目（执行流程、注意事项）		已执行的打钩									
入店动作	1. 用洗手液把手清洗干净	1	2	3	4	5	6	7	8	9	10
	2. 放流生饮水及小钢炮 3 分钟										
	3. 前区冰槽及所有盛装物料的容器、搅拌匙、舀料汤匙用热水烫过										
	4. 后区所有开店需用到的容器及搅拌匙用热水烫过										
	5. 冰水桶烫洗流程执行										
	6. 前区冰槽及制冰机储冰槽需一进店即打开泄水阀，让冰槽内部的积水放流出来，一直持续到打烊离开前再关掉。营运期间随时捋水倒掉										
营运期间	1. 随时要求上工作站及转换工作站前 100% 确实洗手消毒（应至少 1 小时执行一次洗手程序）										
	2. 每日更换新抹布前，先擦拭制冰机储冰槽内壁、挡水板内外、门盖内及边缝、上方凹槽										
	3. 盛装原料钢锅、物料用毕后，需清洗干净并用热水烫过甩干才可补充新物料										
	4. 钢锅物料（布丁、仙草、椰果、红豆）一律直接在冰箱内取用，若冰箱放不下，可先暂时放沙冰冰箱										
	5. 随时将冰铲、搅拌匙及装冰铲、搅拌匙的钢锅烫过（不可积水）										
	6. 所有茶桶使用前必用热水烫内部，并由出水口流出										
	7. 所有原料有严谨的保存期限，超过保存期限需立即报废（保存期限表需张贴出来）										
	8. 沙冰机每日第一次使用前，及超过 2 小时未使用，皆需确实执行消毒程序										
	9. 清洁用品（扫把、簸箕、拖把）不可放置于工作场所、集中放置于食材区隔的地方										
	10. 随时检视各式冰箱温度（可以用手感应温度）										
交接班	1. 放流小钢炮 3 分钟，每日确实执行										
	2. 冰水桶烫洗流程执行										

4. 冷藏/冷冻类原料保存有效期限表

原料	工作台冰箱 （2℃～8℃）	冷藏冰箱 （2℃～6℃）	冷冻冰箱 （-15℃～-20℃）
基础奶	隔夜需冷藏	1天	—
绿茶/红茶	保温桶内3小时	不隔夜	—
珍珠	室温4小时	不隔夜	—
西米	室温15小时	不隔夜	
（已开封）果酱果汁椰果	20天	30天	—
布丁/仙草/芦荟	—	4天	—
红豆	—	15天	—
冷冻柠檬汁	（夏）： 隔水解冻不超过2小时 （冬）： 隔温水解冻不超过1小时	解冻后保存4天	依保存期限
新鲜柠檬	切开后不隔夜榨汁后1天	未切开15～20天	—
金橘	切开后不隔夜	整袋封口15天	—
打发后奶油	打发后保存7天	解冻后保存30天	依保存期限
糖水	6天	6天	—
（已开封）盒装牛奶	—	4天	—
（已开封）盒装酸奶	—	24小时	
炼乳	—	3天	—
黄油	解冻后立即使用	—	依保存期限
肉类半成品	—	7天	依保存期限
面包	—	3天	—
蔬菜水果	—	切后1-2天	—
马苏里芝士	—	解冻后2天	依保存期限
意大利面	—	煮后24小时	—

1. 工作台冰箱是指有的操作台下面有冷藏功能，如果没有就放在普通冰箱中；冷藏冰箱可以是普通的家用冰箱，也可以是商用冷藏柜；冷冻冰箱是指可以冷冻，温度设置能达到 -20° 以下。

2. 以天为单位保存时间算法：制作当日不算。以小时为单位保存时间算法：从制作完毕起算。

3. 鲜榨柠檬榨汁完需要加盖存放，避免搅拌次数过多及长时间接触空气造成快速氧化。

室温类原料保存有效期限表

<table>
<tr><th>原料</th><th>保管方式</th><th>开封后保管期限</th></tr>
<tr><td>咖啡豆</td><td>干燥阴凉处</td><td>密封7天</td></tr>
<tr><td>现磨咖啡粉</td><td>磨豆机内</td><td>当天使用完毕</td></tr>
<tr><td>粉类</td><td>常温保存于阴凉干燥避光处</td><td>密封罐保存</td></tr>
<tr><td>果酱类</td><td>常温保存于避光处，
开封后冷藏保管</td><td>15天</td></tr>
<tr><td>糖浆类</td><td>常温保存于干燥避光处</td><td>依保存期限</td></tr>
<tr><td>巧克力酱</td><td rowspan="2">室温保存于避光处避免受热
开封后冷藏保管</td><td rowspan="2">分装入挤酱瓶后 3天</td></tr>
<tr><td>焦糖酱</td></tr>
<tr><td>芝士酱</td><td>开封后冷藏保管</td><td>冷藏30天
分装入挤酱瓶后 3天</td></tr>
<tr><td>番茄酱</td><td>开封后冷藏保管</td><td>分装入挤酱瓶后7天</td></tr>
<tr><td>沙拉酱</td><td>开封后冷藏保管</td><td>分装入挤酱瓶后3天</td></tr>
<tr><td>蜂蜜</td><td>室温避光保管</td><td>分装入挤酱瓶后 15天</td></tr>
</table>

1. 以上原料未开封的保质期均以产品包装上所示为准。
2. 粉类产品入罐后，要遵循先进先出的原则，将之前的粉用完，粉罐洗净晾干再装入新粉。
3. 糖浆类如配合压头使用，每日下班前需清洗压头。
4. 每晚下班前需用热水浸泡挤酱瓶的盖子，并清洗干净后再放入冷藏冰箱。

二、工作管理

原料库存明细表

日期：

品名	上月库存	本月入库	本月出库	本月库存	备注

原料入库表

日期：

序号	品名	规格	入库日期	现存货量	备注	经手人签字
1						
2						
3						
4						
5						

注意：原料出库表的模板和入库表一致。

原料损耗记录

序号	报损日期	品项	数量	损耗原因	报损人签字
1					
2					
3					
4					
5					

第二节　卫生管理

一、消灭和预防“四害”

1. 苍蝇和蚊子

这两种飞虫是无处不在的！要彻底消灭它们是不可能的，只有每天注意控制它们的繁殖扩散就好了。

一般在家里会用到杀虫剂和蚊香。但店面内部不建议用杀虫剂，喷洒的过程中有可能会污染食品原材料。卫生间和客座区可以适当喷洒一些，操作区和周边都不可使用。

粘蝇板虽然效果很好，但奶茶店的苍蝇不会像水产店那么多，而且黏满苍蝇的画面万一被顾客看到，感觉会非常不好。可以买电蚊拍或紫外线灭蚊灯。

蚊香也是一个可选方式。每晚下班之前点上，根据面积，一般隔半米放一个，不要点一整圈，大约 10 厘米一段就好了。店内无人，蚊香点着的时间越久，安全隐患越大。蚊香下面一定要垫上防火材质的香灰盒，千万不要垫纸张等易燃品。早上来的时候，再每隔一米点一次，点完后适当通风散味即可。卫生间内可选择檀香味的蚊香。

日常卫生的保持也尤为重要。下班之前，垃圾一定要全部倒掉，垃圾桶也要按时用 84 冲洗，以免垃圾袋破漏，致使苍蝇和蚊子在桶内产卵繁殖。天气炎热的时候，要保持水槽等水区的干燥，蚊子格外喜欢在水中产卵。

2. 蟑螂

蟑螂无处不在，且生命力顽强。平时，它们是不会出现在人们的视野中的，当你看到一两只的时候，说明你的店里已经有成百上千只了。“小强”的繁衍能力和速度也是极为惊人的，据说把头砍掉，它还能活好几天，继续孕育新生命！加之店内基本是甜味产品，因此，店中出现蟑螂的概率还是非常大的。

使用蟑螂小屋的效果还不错，但捉到的数量比较有限，加上小屋里的“小强”还是活的，很多女生会很排斥，不敢直接接触，也是很麻烦的问题。而厚生杀蟑胶饵的效果就非常好，且使用方便，约 40 元 / 支。它像一支针管，把药剂挤在柜子、墙壁等角落，每次挤米粒大小即可。第一次使用的时候，隔 20 厘米就挤一点。过三个来月，再巩固一次，在每个角落缝里厚厚地挤上，便能让蟑螂绝迹。建议每三个月重新布一次药剂。

3. 老鼠

老鼠习惯生活在阴暗潮湿的地方，还会钻下水道，它们的存在会成为食品原材料的污染源，进而滋生各种病菌。

一般来讲，店铺卫生工作做得好的话，是不会出现老鼠的。如果店里不幸出现了，建议第一次请专业的灭鼠公司来做一次彻底的灭鼠工作，之后再多多防范就好了。千万不要用耗子药之类的产品。首先，这类产品有可能被老鼠食用后又触碰到食品原料，成为安全隐患；其次，被毒到的老鼠如果回窝后再死掉的话，是很难找到尸体的。还可以尝试用粘鼠板，一次能粘一两只，放一些吃的作为诱饵，效果不错，但是比较残忍。当然，还可以养只猫。虽然现在的猫大多不怎么抓老鼠了，但毕竟是老鼠的天敌，放在店里还是有一定震慑作用的。但你要确保这只猫很干净，勤洗澡，疫苗什么的都不能少，否则，同样会成为食品污染源。猫本身就很爱干净，不需要教，只要把猫砂放在固定的地方，它自己就会去排便。猫的粪便是很臭的，所以要每天清理。

4．蜘蛛网

有的店铺到了夏季，天花板上会很容易出现蜘蛛网。

有一种方法就是在蜘蛛经常出现的地方撒一些生石灰，可以将它们赶走。生石灰一定要用布包好，倘若漏出来的话，也会污染食品。还可以用樟脑丸，个人觉得效果不是很好，而且用多了也串味。

二、实用的常见设备清洁步骤

如果说店铺是我们坚守的战场，那么，设备便是我们手里的各种武器。枪不擦不亮，设备不及时清洗保养就易老化。

我们在将设备购入后往往发现，说明书上一般只有使用说明，却没有详细的清理保养步骤说明，面对看似复杂的设备不知从何下手，只能做一些表面的清洁工作，眼睁睁地看着机器的使用寿命缩短，却不敢轻易碰。

本段会告诉你一些常用设备的清洁保养方法。磨好手里的刀，能大大提升效率！

1．咖啡机（半自动）

半自动咖啡机是清洁的重点，因为设备本身昂贵，一台机器动辄数万，用久不清会沉淀咖啡残渣和油脂，影响萃取流量，从而影响咖啡的品质和口感。

清洁重点：蒸汽头、冲泡头和冲泡手柄，以及盛水盘。

① 蒸汽头

首先要保证每次打完奶泡之后，都要用干净吸水的湿布擦拭干净，并且在每天下班之前用小量杯接上开水，将蒸汽头浸入，稍微打开蒸汽放一秒，让残留在蒸汽头中的牛奶喷出。

② 冲泡头和冲泡手柄

冲泡头就是萃取咖啡的地方。每天下班前，都应对它进行一次彻底清洁。首先，按一下要冲洗的泡头所在的连续放水键，大致冲掉上面的残渣，再用一块干净湿软的毛巾擦拭冲泡头。要注意的是，冲泡头有一个凹槽，一定要用毛巾裹住手指来回抠几遍。

冲泡手柄就是盛放咖啡粉的那个带柄的小碗，有单头和双头两种。每萃完一杯咖啡倒出粉渣之后，就应该按萃取键放开水及时冲洗干净再挂回，而不是一直等到下一次萃取前才想起清洗。每天下班前，将手柄中的滤碗（滤碗可以用吧勺撬下，不可用尖锐工具）换成盲网，或在滤网内垫上清洗橡皮垫，安装到冲泡头上，开始进入反冲洗阶段（这个步骤可按照说明书上的指示操作，不同的机器冲洗方式会稍有不同）。清洗完毕后，卸下手柄，冲洗干净后，再重复一次反冲洗步骤。最后将冲泡手柄和滤碗放入份数盆中，开水浸泡至第二天早晨，晾干即可使用。每周要用药粉对冲泡头进行一次清洗，药粉在反冲洗步骤中加入。

③ 滤水盘和机身

将滤水盘取出，冲净擦干即可。这里的清洁重点是滤水盘下方的集水盘，也是很容易被忽略的地方。取出滤水盘后，会看到一个黑色方形的小盒，每天可以用热水将积水盘中的咖啡残渣冲干净，再将滤水盘装回。机身可以用干净的软布擦拭，如果想让机身光亮如新，可先用湿布蘸少许洗洁精擦一遍，再用干布擦一遍。以上步骤全部完成后，蒸汽头可以取出放完蒸汽（每天晚上放蒸汽是为了泄压，避免锅炉持续保持压力而导致损伤），仔细擦洗整个蒸汽管，再用一杯热水浸泡蒸汽头至第二天早班。

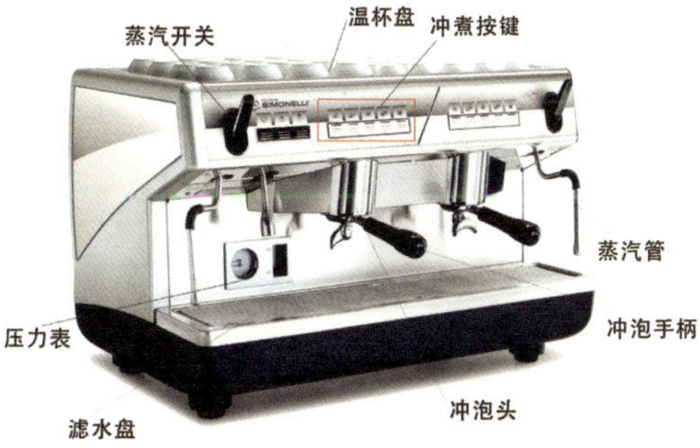

标准双头半自动咖啡机

2. 全自动咖啡机

全自动咖啡机相对比较好打理，一般都有自动清洗功能，每天洗一次就行。每周可进行一次彻底清洁。

① 完全关闭全自动咖啡机，打开咖啡机外盖，取出滴水盘和咖啡渣盒，用清水冲洗。

② 清洗咖啡机内部的咖啡残留物，不方便洗到的位置可以拿一根木筷裹着湿软的抹布辅助清洗，同时，配合毛刷将残渣刷出。

常见的全自动咖啡机外观和结构

3. 冰箱、冰柜、冷藏展示柜

① 冷藏冰箱 除了冷藏展示柜每天都要保持柜身内外部的整洁外，一般冷藏柜的清理周期为一周。

拔下电源，将柜内物品全部拿出，将物品上的残留污渍擦净，放入冷柜中暂时保存，用泡着温水的毛巾（不要拧干）轻轻清洗内壁，直至彻底干净，再用少许水冲冷藏柜底部，让污水随底部出水口流出，再用干抹布将内部整体擦干，通电约 10 分钟后，将物品放回原位。

② 冷冻柜 一般清理周期为两周，具体要根据实际霜冻厚度来判断，一般内壁结霜超过 1 厘米就需要清理了。前面的步骤和清洗冷藏柜一致，待物品取出后，需要等待化冻，其间可用塑料铲加快化冻速度，不可用尖锐工具。待内壁霜冻全部融化后，再进行下一步清理。

注意：冰箱类电器在经过搬动后，必须静置两小时，才可以通电运行，因为制冷剂中含有润滑油，由于冰箱晃动造成润滑油和制冷剂混合，压缩机油可能会进入制冷管路里造成冰箱油堵，易造成制冷效果变差，甚至损坏压缩机。这种损坏属于人为损坏，是不在保修范围内的。另外，冰箱在搬动时，最大倾斜度不要超过 45°。

4. 制冰机（商用型）

制冰机在设备中也属于容易被遗漏，且不好清理的大件。制冰机是很容易滋生细菌和微生物的，定期的维护保养对于卫生，以及机器使用寿命和制冰效果都显得极为重要。

所幸，制冰机的清理周期较长，为一个月，不使用时只需要保证断电，且机身干燥即可。

① 清理之前，要保证拔掉插头，且冰块全部清出。首先，拆除水帘板、冰厚控制器、分配水管、储水槽，用软布蘸洗洁精轻轻擦拭，并用清水冲净，晾干后装回。如果担心拆下来后装不回去，可用浇花的喷壶灌上稀释的洗洁精喷透制冰区，静置 20 分钟后再用清水喷。使用这种方法时，记得开机后制出的前三批冰块都不要使用哦！

② 拿一根一次性筷子将一块卫生纸团（筷头大小）塞入排水口，并上下戳几次，取出筷子，接 2000 毫升左右温水倒入冰仓，反复此动作直至卫生纸团从排水口流出。

③ 用加了适量洗涤剂的温水擦拭机器围板和内胆，再用软布擦干净。

④ 将进水软管管头旋开，对进水阀滤网认真清洗。长期不清洗会引起进水量变小，导致不制冰。

⑤ 打开制冰机下部，用毛刷扫掉冷凝器表面的灰尘（刷的时候，你会发现特别脏），冷凝散热不良会引起压缩机部件损坏。

5. 沙冰机

沙冰机不用时，可以不清洗，但只要使用过，当天下班前都要做一次彻底清洁，步骤也非常简单。

沙冰机每次使用完都要用水冲干净，下班之前需要将机器舱内倒入适量洗洁精，加少许温水，放在底座上，开至合适的转速（根据不同机器性能调节），自运行约一分钟，倒出水，用清水冲净，再用湿抹布将底座残留物擦干净。沙冰机很容易打理，只要记住洗完之后不要将盖子盖紧，保持机舱通风干燥即可。

6. 松饼机

松饼本身分为两种：列日松饼和美式松饼。列日松饼制作起来相对麻烦，所以大部分店铺会卖美式松饼。美式松饼在倒松饼糊之前，就要将松饼格刷满黄油，这样做出来的松饼不会粘设备，也容易清洗，一般一周清洗一次即可。而有的店铺对松饼的风味比较讲究，会选择列日松饼。这种松饼在压完饼后，格内会留下很多黏糊糊的糖，每制作完一次后，都需要进行简单清洗，并在每天下班之前彻底清洗一次，否则，会导致下一份松饼饼身外部沾满过度焦化而产生的黑斑，不仅卖相难看，还会影响食品安全。

① 将温度调至最大，让格内的残留加速水分蒸发至焦化。

② 垫一张干净的纸巾，取一根筷子在格身内来回擦拭（注意：不是用纸巾裹着筷子头擦，这种方法非常费纸），直至残渣全部脱离格身，用毛刷将残渣刷出后，便可继续使用。

③ 每天下班之前，需要彻底清洗一次。只需要在机身温度保持在 200℃左右时，将格内倒满水，再等待至水分完全蒸发，重复三次后，用毛刷清理机身即可。

* 文中所指的洗洁精均为中性洗洁剂，请勿使用酸性或碱性等具有腐蚀性的溶剂。

三、店铺其他卫生注意事项

1. 除前面介绍的卫生管理内容外，补充一些小细节。比如垃圾桶清空后，要用 84 消毒液泡一会儿，再把桶身倒置晾干，地面拖干净，哪怕沙发下面都要清扫到位，墙缝处每天用扫帚带一下，这些都是很顺手又很有效的小习惯，可以杜绝食品残留，不给蚊蝇滋生留有机会。

2. 水区要注意保持干燥。有水的地方都要及时拖干，避免一些场所发霉。一旦发现轻微的霉变现象，就去买一瓶除霉剂，喷一喷，效果还是不错的。

第三节　店铺氛围的烘托

一、常见店铺氛围的烘托方法

1. 在店门口放置小黑板，可以让路过的行人及时看到最新的活动内容或店主的心情，还可以避免车辆乱停乱放。

2. 在店内摆放需要宣传的活动展架，可以增加店内的营销气氛。促销活动的载体选择空间很大，常见的有展架、写真海报等。

“星巴克”的入口处放着新品图文介绍，可以勾起人们尝试购买的欲望。

门外写有优惠活动的小黑板。

手绘的活动海报省钱又吸睛。

有条件的店主可以自烘一些咖啡豆，吸引咖啡爱好者成为常客。

3. 吧台上摆放零食或其他小物件，可卖可送，也可以摆放一些促销小海报，但要注意及时整理。

4. 店铺的咖啡或者甜点的香气，有助于激起顾客的食欲。如果有烤箱的话，可以烤一些黄油小饼干，香甜的味道真的会吸引人推门而入哦！而每天萃取完的咖啡渣也不要浪费，将干干的咖啡渣铺在烟缸底，有助于吸附烟味。

不过，现在很多城市的公共场所已经施行禁烟令了哦！

5. 音乐是店铺氛围烘托的必备方式。没有一家店是不放音乐的，而音乐风格在一定程度上可以体现店铺的风格和档次。现在找音乐已不像几年前那么难了，

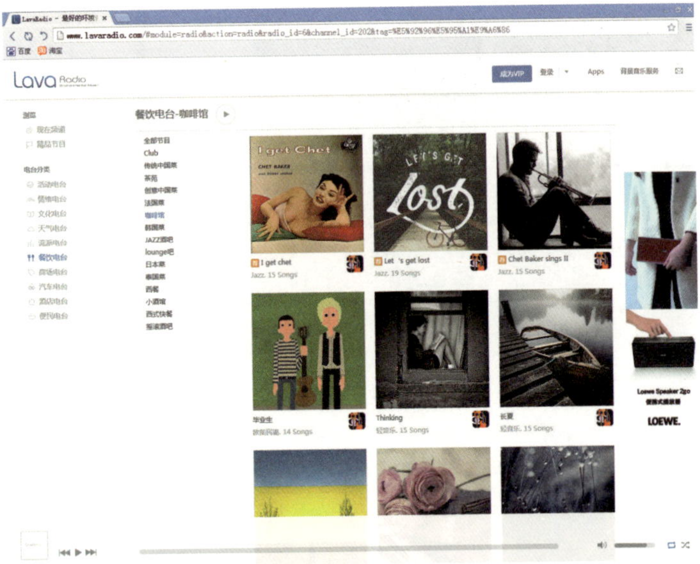

lava 音乐电台，界面清爽，使用方便。

要一首首听，一点点选，只要能上网，都可以根据网络音乐平台的分类找到适合自己店铺的音乐。还有一些能在浏览器中直接打开的音乐电台，可选歌曲非常多，分类也很清晰。

值得注意的是，高音能加强人们对甜味的感受（如韩国女团唱出的柔软轻快），而低音会增深人们对苦味的感受（如中年大叔唱的苦情歌）。店铺是忌讳播放口水歌和某一个明星的专辑的。明星专辑的歌曲不适合每个进店的人。我们选歌的特点是：好听、舒服，有风格，但是不要太明显。不要选择黑暗系音乐，除非你的店铺是死亡格调的。

附 录

附 1：适合新手阅读的相关书籍

很多朋友在开店之前可能也会上书店、网站去淘一些相关的书籍学习，但买回来之后，发现有很多重复的内容，或者内容空洞无实用性，只好闲置起来。在这里，笔者推荐一些比较有实用价值的书，也可避大家免重复学习。

书名	作者	主要内容
《定位》	里斯，特劳特	营销类经典书籍，建议开店前认真阅读
《咖啡师宝典》	邱伟晃	100 款咖啡的详细配方及制作方法，有简单的拉花介绍
《飘香怡人创意咖啡》	露琪亚	手冲咖啡的入门介绍，冠军咖啡师创意咖啡的做法和拉花教程
《小食光》	La cuisine	小店铺都有机会制作的一些常见小甜品点心及简餐，图片适合借鉴
《跟着君之学烘焙》	君之	好吃又简单的饼干、蛋糕、面包的配方和做法
《达人开课，教你手冲好咖啡》	邱婉婷（译）	手冲咖啡的详细介绍，适合入门后打算进阶的朋友
《新版咖啡学》	韩怀宗	全面介绍咖啡的知识，包括发展史、咖啡豆种、萃取剂烘焙基础知识，很适合想进一步了解咖啡的爱好者阅读
《引爆点》	马尔科姆·格拉德威尔	营销推广类书籍，可以借鉴学习，让产品成为流行，建议开店后阅读

附 2：开店需要办理的执照及办理流程

名称	申报单位	所需资料
基本证件		
法人代表证	工商局	法人身份证原件、一寸彩照 8 张、起好的店名
营业执照	工商局	房屋租赁合同、申请人身份证
税务登记证	税务局	营业执照、环保证、卫生证
卫生许可证	食品药品监督局	营业执照副本、员工健康证
其他证件（根据各城市的情况和店铺面积、营业范围等要求办理）		
施工许可证	建设局	施工平面图、地理位置、设计资质图、施工单位资质证
消防合格证	消防局	施工平面图、天花图、消防警铃及消火栓、灭火器位置图、消防施工单位资质、烟道、响铃布置图
环保合格证	环保局	排水系统图、排烟系统图、平面配置图、房屋租赁合同
招牌许可	城管执法处	效果图（白天、晚上）、租赁合同、申请人身份证

* 以上所需证件资料可能会存在区域性差异。

附 3：2015 年上海国际酒店用品及高端食品与饮料展部分照片

开店之前，若刚好赶上类似这种展会，建议不要错过。在这里，你有机会见到几乎所有代理的咖啡、奶茶、甜品、冰淇淋等产品的原料及设备！

展会上的商家们会请来各地大咖举办各种活动，让你大开眼界。

各种全国性和小型的相关赛事。

实现心仪设备一站式配齐。

商家展位鳞次栉比。

有机会近距离与行业大咖交流学习。

还能尝到各种甜点美食。